엄마인 나부터 돌보기로 했습니다

엄마인 나부터 돌보기로 했습니다

흔들리며 빛나는 삶을 위한 마흔의 기록

초 판 1쇄 2025년 07월 28일

지은이 조지혜
펴낸이 류종렬

펴낸곳 미다스북스
본부장 임종익
편집장 이다경, 김가영
디자인 임인영, 윤가희
책임진행 이예나, 김요섭, 안채원, 김은진

등록 2001년 3월 21일 제2001-000040호
주소 서울시 마포구 양화로 133 서교타워 711호
전화 02) 322-7802~3
팩스 02) 6007-1845
블로그 http://blog.naver.com/midasbooks
전자주소 midasbooks@hanmail.net
페이스북 https://www.facebook.com/midasbooks425
인스타그램 https://www.instagram.com/midasbooks

© 조지혜, 미다스북스 2025, *Printed in Korea*.

ISBN 979-11-7355-333-2 03810

값 18,500원

※ 파본은 구입하신 서점에서 교환해드립니다.
※ 이 책에 실린 모든 콘텐츠는 미다스북스가 저작권자와의 계약에 따라 발행한 것이므로 인용하시거나 참고하실 경우 반드시 본사의 허락을 받으셔야 합니다.

미다스북스는 다음세대에게 필요한 지혜와 교양을 생각합니다.

흔들리며 빛나는 삶을 위한 마흔의 기록

엄마인 나부터 돌보기로 했습니다

조지혜 지음

"반딧불처럼 작고, 달빛처럼 은은하게
나를 돌보고 세상과 연결되는 이야기"

미다스북스

들어가며 나로 살아가는 빛나는 길   7

Chapter 1   내 안의 균열을 마주하다

- 1. 마흔, 나는 누군가의 가능성이다   13
- 2. 사랑의 강물에 던져진 깨진 항아리   19
- 3. 엄마인 나는 왜 지칠까   25
- 4. 엄마도 도움이 필요하다는 사실   31
- 5. 낭만을 지나 연민을 품다   37
- 6. 절제는 절제를 낳고   43
- 7. 숨겨진 이빨을 도려내는 일   50

Chapter 2   엄마인 나를 돌보기 시작하다

- 1. 마흔 앓이: 친정엄마의 마흔을 마주하다   57
- 2. 흔들릴 때마다 책을 펼치다   64
- 3. 내향인의 글쓰기, 블로그   71
- 4. 내 몸도 정비가 필요해   77
- 5. 휴직, 나만의 월든   83
- 6. 상처 입은 치유자   90
- 7. 외로움을 홀로움으로   97

Chapter 3 아이와 나를 동시에 사랑하다

- 1 지금 필요한 건, 단 한 줄의 따뜻함 105
- 2 아이를 위해 펼친 그림책이 나를 자라게 하다 112
- 3 사춘기와 사십춘기가 만났을 때 119
- 4 지금, 여기가 나의 지중해 128
- 5 시간을 배우는 시간 137
- 6 아이가 아파서 더 많이 기도하다 146
- 7 엄마 냄새, 아이 냄새 152

Chapter 4 나답게 살아가기 시작하다

- 1 하고 싶지 않음을 선택할 권리 161
- 2 마흔, 다시 뛰는 내 몸의 선언 168
- 3 심야 책방, 사람 책을 읽는 시간 175
- 4 문을 열면 그만인걸 182
- 5 나만의 방, 나만의 문장 188
- 6 가치 있는 사치, 나를 위한 생일 194
- 7 매몰되지 않는 삶을 위하여 201

Chapter 5   나를 돌보며 타인과 세상을 만나다

- 1 ⁑ **나를 돌보다, 나를 돌아보다**   209
- 2 ⁑ **교사, 사람을 배우는 직업**   215
- 3 ⁑ **최소한의 이웃이 되는 길**   222
- 4 ⁑ **함께 숨 쉬며 살아갈 날을 위해**   229
- 5 ⁑ **지혜롭게 나이 들고 싶다**   235
- 6 ⁑ **깃털보다 가벼운 기도**   242
- 7 ⁑ **진지한 인생에 유머 한 스푼**   247

나를 빛나게 도와준 책   253
나가며   **빛을 받아 다시 빛나는 삶**   258
덧붙이는 고백   263

들어가며

나로 살아가는 빛나는 길

나는 내가 빛나는 별인 줄 알았어요
한 번도 의심한 적 없었죠
몰랐어요 난 내가 벌레라는 것을
그래도 괜찮아 난 눈부시니까

중기결 〈나는 반딧불〉

노랫말을 들으며 마음이 저릿했습니다. 한때 태양은 아니더라도 별처럼 빛나고 싶었거든요. 나 역시 작은 반딧불이처럼 빛나지만 연약한 존재였습니다. 누군가의 무언가로 살며 내가 점점 희미해진다고 느꼈고, 내가 별이 아니라는 사실을 인정하기에 두려웠습니다.

"나는 지금, 여기에서 나로 살고 있는가?"

이 질문을 시작으로 글을 쓰기 시작했습니다.

스무 살, 우연히 들어선 특수교육의 길. 예상치 못한 입학이었지만 방황 없이 졸업했고, 임용시험도 한 번에 합격해 졸업 후 바로 직장 생활을 시작했습니다. 취업 준비로 분주하거나 좌절할 틈조차 없었어요. 불같은 사랑은 아니었지만 20대 끝자락에 결혼했고, 좋은 사람과 함께 걷는 미래를 기대했습니다. 크나큰 실패 없이 살아온 탓일까요? 30대는 예상치 못한 외로움과 부담 속에서 깊은 방황을 맞았습니다. 부모에게 정서적으로 독립하면서 그 빈자리를 남편에게 기대려 했고, 일하고 살림하며 아이들 키우느라 정신없는데도 시댁의 기대에 부응하려 지나치게 애썼어요. 교육 현장에서도 최선을 다하려다 몸과 마음을 돌보지 못해 아팠습니다. 삶을 헤엄쳐 나가기보다 떠밀려온 듯한 날들이 이어졌지요.

　마흔을 지나며 깨달았습니다. 빛나기 위해 완벽할 필요는 없었어요. 흔들리며 꺼질 듯 깜박이는 빛도 의미 있었죠. 나는 별이어야 한다고 믿었고, 벌레였던 나를 부끄러워했습니다. 그러던 어느 날부터 조금씩 달라지기 시작했어요. 책을 읽고, 글을 쓰고, 달리고, 기도하고, 멈춰 서서 내 마음을 어루만졌습니다. 힘 다 빼고 '지금 이대로도 괜찮은 나'를 발견했어요. 그제야 남편과 아이를, 이웃과 세상을 더욱 사랑할 수 있었지요. 그 조용한 성장의 시간을 이 책에 담았습니다.

『기버』의 한 구절이 오래도록 마음에 남습니다.
"가장 소중한 상품은 바로 여러분 자신입니다. 다른 사람에게 줄 수 있는 가장 귀한 선물은 본인이에요."

내가 아닌 누군가가 되려 할수록 진짜 나와 멀어졌습니다. 내면의 균열을 발견하고 그 틈을 조급하게 메우기 전에 찬찬히 들여다보는 시간을 가졌습니다. 불완전하지만 진실한 나를 만날 수 있었지요. 그렇게 혼자만의 시간 속 붙들었던 책은 제 삶의 대부이자 대모, 친구이자 스승이었습니다. 글 사이사이 그동안 도움받았던 문장을 자연스럽게 소개하고 싶습니다. 또 다른 나와 세상을 만나게 해주는 통로였거든요. 또한 꼭지마다 '더 빛날 당신을 위한 질문'을 한 줄씩 남겼습니다. 잠시 멈추어 내면의 틈을 돌볼 수 있기를 바랍니다. 빛나는 당신은 세상에 유일한 존재라는 걸 기억하세요. 당신의 생애전환기를 응원하며, 몸과 마음과 영혼이 평안하길 소망합니다.

마흔이 넘고 보니, 지금 더 빛나는 길 위에서
조지혜 드림

Chapter 1

내 안의 균열을 마주하다

✧ 1 ✧

마흔, 나는 누군가의
가능성이다

   삼십 대 중반, 지하철에서 인상적인 장면을 본 적 있다. 뺨을 타고 흐르는 눈물을 서둘러 훔치는 한 여성. 손에 책 한 권을 들었다. 사람들에 가려 제목을 정확히 보지는 못했지만, '마흔'이라는 단어가 선명하게 눈에 들어왔다. 이후로도 가끔 그녀의 모습이 떠올랐다. 그 눈물의 의미는 다 알 수 없었지만, 아름다웠다. 타인으로 가득한 지하철에서 책 속에 나로 온전히 머무는 모습. 또 다른 자신을 만나는 귀한 순간을 경험하고 있었구나 싶었다. 시간이 흘러 마흔이 넘었다. 그때 그녀는 어떤 문장에 마음이 흔들렸을까. '지금, 여기'의 자신을 어떻게 받아들이고 있었을까.

   휴직을 포함해 특수교사로 일한 지 20년 가까이 됐다. 몇 년 전 중증 장애로 통합학급에 거의 가지 못하고 특수학급에서만 생활했던 학생이 있었다. 쉬는 시간과 점심시간에도 학생과 함께 있어야 했기에 나는 화장실도 제때 가지 못했다. 그 결과 여성질환이 생겼고, 2년 넘게 병원에 다녔다. 하도 자주 방문하니 의사가 말했다.

"좀 쉬어야 낫지 않겠어요? 피곤하면 면역력이 약해지고 재발하거든요."

퇴근 후엔 곧바로 육아 출근. 매번 같은 말을 들을 때마다 "알겠습니다."라고 대답했지만, 사실 어떻게 쉬어야 하는지 알 수 없었다. 항생제를 일주일 넘게 매달 먹다 보니 저녁이면 몽롱한 상태로 하루를 마무리했다. 자기 계발은커녕 기본적인 생활조차 힘겨웠다. 사고나 큰 질병이 없다면 지금까지 살아온 만큼 한 번 더 살아야 하는데, 때때로 자신이 없었다. 그러던 어느 날, 나를 돌볼 기회가 찾아왔다. 나는 망설임 없이 선택했다.

2024년은 내게 선물 같은 해였다. 둘째 아이가 초등학교에 입학하며 인생 마지막 육아휴직을 사용했다. 오롯이 전업주부로 사는 시간. 혼자라서 외로웠다가 어느 순간부터 혼자인 시간을 갈망했던 나는 비로소 충분한 쉼을 누렸다. 물론 전업주부의 하루는 일이 끊이지 않는다. 아침 먹은 그릇을 설거지하고 나면, 흩어진 옷과 장난감을 정리한다. 세탁기 돌리는 동안 청소하고, 건조기에서 꺼낸 빨래를 개고 나면 금세 점심시간이 된다. 오후에는 아이들 간식을 챙기고, 학원 오가는 길을 신경 쓰고, 저녁을 준비한다. 아이가 둘 이상인데 아직 저학년이라면 하루에 네댓 번 집과 밖을 오간다.

『김미경의 마흔 수업』을 읽다가 '중위연령'에 관해 알게 되었다. 국내 인구를 출생 연도별로 줄 세웠을 때 가운데 위치한 나이. 1994년에는 28.8세였고, 2024년에는 46.1세다. 이제 나라의 허리는 20대 후반이 아니라 40대 중반이다. 이 사실을 알기 전엔 뭔가 새롭게 시작하기에 늦었을까 봐 두려웠다. 성취 지향적인 성격도 아니라 무리하지 않는 선에서만 살고 싶었다. 하지만 그렇게 생각하기엔 100세 시대의 마흔은 아직 인생의 점심시간도 되지 않은 시기다. 활기찬 인생의 오후, 풍요로운 저녁을 보내길 원한다면 지금 나는 어떻게 살아야 할까?

오전에는 살림을 미루고 온전히 나를 위한 시간으로 삼았다. 아침마다 성경을 읽고 기도로 하루를 열었다. 헬스장에 가서 한 시간 동안 러닝과 근력 운동하고 돌아왔다. 영어 원서와 교재를 낭독한 음성파일을 오픈채팅방에 인증하고 나면 점심시간이 가까워졌다. 식탁 위에 태블릿을 올려놓고 예능프로그램을 보며 여유롭게 밥을 먹었다. 일주일에 한 번은 동네를 벗어나 외출하고 가끔 이웃과 차를 마셨다. 시간에 쫓길 일이 없으니 치과, 산부인과 등 병원 진료도 편하게 받았다. 무엇보다 책을 읽고 메모하는 시간이 늘어났다.

문득 좋은 글을 쓰고 싶었다. 내가 읽어 온 책들만큼 쓸 자신은 없지만, 일기 말고 누군가에게 도움 될 만한 글이 될 수 있다면 얼마나 좋을까. 그런데 내가 무슨 내용을 쓸 수 있단 말인가. 휴직을 반복하다 보니 교사로서의 전문성도 부족하다고 느꼈다. 살림의 고수나 육아의 달인도 아니었다. 자녀 교육에 열정적으로 시간과 에너지를 쏟지도 않았다. 과연 평범한 일상이 글쓰기로 특별해질 수 있을까? 그때 블로그에서 우연히 본 포스팅.

'평범한 당신도 작가가 될 수 있습니다.'

2024년 7월, 용기를 내어 글쓰기 모임에 들어갔다. 일주일에 한두 번 저녁마다 온라인으로 수업을 들었다. 어느 날, 코치는 함께 수업을 듣던 오십 대의 손 작가에게 물었다.

"다시 돌아갈 수 있다면 언제로 가고 싶으세요?"

잠시 생각하던 손 작가가 답했다.

"십 년 전, 마흔이요. 그때로 돌아가면 충분히 잘할 수 있다고, 가능성이 있다고 나에게 말해줄 것 같아요. 그때만 해도 글 쓰는 삶이 너무 멀게만 느껴졌었거든요."

그 말을 듣는 순간 가슴이 쿵 내려앉았다. 스스로 마흔이 늦었다고 생각했다는 사실에 얼굴이 달아올랐다. 내 가능성을 믿지 못했었다. 후회가 아니라 자기 긍정의 태도를 배우기로 했다. 마흔은 조금 느린 시작일 뿐 여전히 가능성의 중심에 선 시기다. '지금부터라도 괜찮다.'라는 믿음은 누구에게나 필요하다. 사회가 정해놓은 이정표가 아닌 나만의 속도로 걷는 삶을 선택하는 용기. 오늘 내가 나의 가능성을 믿기로 한 이 용기 있는 선택이 어쩌면 내일의 나에게 가장 귀한 선물이 될지도 모른다.

마흔은, 나는, 누군가의 가능성이다. 마흔을, 나를, 사랑하기로 했다. 십 년 뒤에도 같은 선택을 한다면 나는 또 누군가의 가능성이 될 수 있다.

백세 시대의 마흔은 인생의 오전입니다. 되돌아보면 쉼과 멈춤의 시간 속에서 오히려 가능성이 피어났고, 이제는 그 가능성 위에 새로운 삶을 그려가고 있습니다. 우리의 삶은 언제든 다시 시작할 수 있습니다. 지금의 나는 여전히 누군가의 가능성이자 나 자신의 가능성이기도 합니다. 삶의 어느 지점에서든 '이제 시작'이라 말할 수 있다면, 우리는 여전히 성장할 수 있는 사람입니다.

더 빛날 당신을 위한 질문

Q. 지금 당신 스스로 어떤 가능성을 믿고 있나요?

✦ **2** ✦

사랑의 강물에 던져진 깨진 항아리

 2001년에 개봉한 한국 영화 〈달마야 놀자〉의 한 장면이다. 절간에 숨어든 건달들과 그들을 쫓아내고 싶은 스님들 간에 갈등이 생겼다. 주지 스님이 이를 해결하기 위해 그들 간의 대결을 제안했다. 10분 안에 깨진 항아리 속 물을 가득 채워라. 단, 구멍을 막지 않는다는 조건에서. '밑 빠진 독에 물 붓기'라는 속담이 있듯이, 아무리 물을 부어도 항아리 안에 물을 완전히 채울 수는 없었다. 그런데 갑자기 한 건달이 물이 가득한 연못으로 달려가 깨진 항아리를 집어 던졌다. 그랬더니 거짓말처럼 항아리에 물이 가득 찼다. 결과는 건달들의 승리. 절간에 더 머물 수 있게 된 건달들이 주지 스님에게 물었다.

 "왜 우리를 내치지 않고 받아주셨습니까?"

 주지 스님은 대답했다.

"나도 밑 빠진 너희들을 그냥 내 마음속에 던졌을 뿐이야."

둘째 아이가 태어난 지 일 년 정도 되었을 때다. 교회에서 진행하는 어머니 기도회에 참석했다. 개척교회라 열 명도 되지 않는 인원이 모였지만, 매일 고군분투하며 육아하는 동지들과 함께 기도할 수 있어서 그저 감사했다. 한 명씩 돌아가며 기도 제목을 나눴다. 내가 엄마로서 지금 가장 힘들고 어려운 일이 무엇인지 생각했다.

"큰아이가 동생이 생긴 후 엄마의 사랑이 부족하다고 느낍니다. 말과 행동으로도 표현하고요. 그 모습을 보면 마음이 아픕니다. 남편은 계속 밑 빠진 독에 사랑을 붓고 있는 기분이라며 안타까워하네요."

서로의 기도 제목을 놓고 함께 기도한 뒤, 각자 흩어져서 혼자 기도하는 시간을 가졌다. 하늘에서 오는 지혜를 구했다. 마음이 울리며 이런 생각이 들었다.

'밑이 깨진 항아리에 아무리 물을 부어도 가득 차지 않지만, 깨진 항아리를 강물에 던지면 그 안의 물이 차고도 넘친다.'

심리학자 칼 융의 이론이 떠올랐다. 사람에게는 자기를 성찰하고 성장하게 하는 '자아'와 자기 안의 어둡고 부끄러운 면인 '그림자'가 있다. 누구나 이 그림자를 마주하는 일은 힘들지만, 그 과정을 통해 우리는 성장한다. 해가 갈수록 자아는 자랐지만, 그만큼 내면의 그림자도 더 선명해졌다. 크리스천 가정에서 자란 나는 탈선 한 번 한 적 없었다. 따뜻한 가정이었지만 규율이 엄격했고, 평온했지만 답답했다. 술 한 모금에 죄책감이 생겼고, 연인과의 스킨십에 죄의식이 앞섰다. 별 생각 없이 한 내 행동을 두고 '착한 척한다.'라는 말을 들으면 가슴이 쪼그라들었다. 칭찬이나 인정받으려는 의도였다면 차라리 솔직했을 텐데 나는 늘 '좋은 사람'이어야 했다. 억울한 일을 당하면 숨죽여 울다가도 내 편이라 믿는 사람들 앞에서는 정당함을 증명하듯 목소리를 높였다. 긍정적인 평가에 익숙했지만, 부정적인 말 한마디에 쉽게 상처받았다.

큰 실패 없이 살아왔다. 대학과 임용시험도 한 번에 붙었다. 30대가 되기 전에 결혼했고 아이도 자연스럽게 생겼다. 제왕절개로 두 아이를 무사히 출산했고 휴직도 20개월씩 했다. 신앙적, 교육적, 인성적으로 훌륭한 아이를 키우겠다고 마음먹었다. 하지만 이상은 너무 크고 높았다. 현실의 나는, 불안에 사로잡혀 매일 우는 아이를 다그치기에 바빴다. 감정을 잘 인식하고 절제하는 마음 건강한 아이로 키우고 싶었지만, 내 마음이 건강하지 않았다. 아팠다. 자책했다. 엉망인 내 모습이 우스웠고 나를 용서하지 못했다.

내 마음속 사랑의 강물에 아이를 품었다면 좋았겠지만, 모두가 깨진 항아리였다. 나도 아이도 불완전한 인간이었으니까. 내가 더 큰 사랑의 강물에 던져질 때 비로소 나의 깨진 항아리가 가득 찰 수 있음을 깨달았다. 사랑의 강물이 모든 부모의 마음이라면 좋겠다. 부모의 사랑 이상으로 내겐 더 큰 존재의 사랑을 믿는 것이 방법이었다. 깨진 독을 탓하기보다 사랑의 강물에 던져 그 독을 가득 채워주는 일. 그것이 부모의 역할이라는 걸 배웠다. 우리는 모두 그림자를 가진 불완전한 존재니까.

모성을 강조하는 사람이 부담스러웠다. '엄마라면 당연히 희생하고 헌신해야 한다.'라는 시선이 때로는 나를 옥죄었다. 아이를 사랑하는 것은 분명한 사실이다. 하지만 내가 아무리 자녀를 사랑해도 미숙함으로 상처를 주고, 좋은 것을 주려다가도 실수하기 마련이다. 이젠 그런 모습을 받아들이기로 한다. 내 탓으로 돌리기보다 엄마 역할을 제대로 알아가는 기회로 여긴다. 부모는 되는 것이 아니라 '되어가는' 것이고, 가족은 저절로 생기는 것이 아니라 '만들어 가는' 것이니까. 그리고 나는 '그 누구도 아닌 내가 되어 가는' 것이다. 나를 돌보고 존중하는 삶의 태도가 결국 아이들에게 전달될 것이라 믿는다.

누구나 조금씩 깨진 항아리를 품고 살아간다. 완벽하지 않은 나, 완전할 수 없는 타인. 그 관계 속에서 서로 상처를 주고받는다. 하지만 깨진 항아리가 사랑의 강물에 잠기면 그 안은 채워지고도 넘친다. 각자 가진 결핍을 인정하고 보듬으면 서로를 품을 수 있다.

살다 보면 아이들도 자기를 사랑하지 못하는 순간이 올지 모른다. 그때 내 마음에 아이들을 던져도 안전할 만큼 사랑의 강물이 넉넉했으면 좋겠다. 흘러들어오는 사랑을 온전히 받아들이고, 다시 흘러갈 수 있도록 마음을 비워두려 한다. 아이들 마음의 강물도 마르지 않기를 바라며.

누구나 마음속 어딘가에 금이 간 항아리를 하나쯤은 품고 살아갑니다. 아무리 애써도 완벽하게 채워지지 않는 빈틈을 마주할 때마다 좌절하지 않았으면 좋겠습니다. 오히려 그 항아리를 더 큰 사랑의 강물 속에 던질 수 있기를 바랍니다. 우리는 모두 불완전한 존재입니다. 있는 모습 그대로 인정할 때 비로소 서로를 품을 수 있는 여백이 생기지요. 자기 자신을 다그치기보다 따뜻하게 안아주는 마음. 그것이 사랑의 시작입니다.

> 더 빛날 당신을 위한 질문

Q. 살아가면서 나를 사랑하지 못한 순간이 있었나요? 당신의 항아리가 깨져 있다면 무엇으로 채울 수 있을까요?

✦ 3 ✦

엄마인 나는
왜 지칠까

"엄마, 양말 어디 있어요?"
"여보, 내가 어제 출력해 놓은 프린트물 좀 찾아줘."
"엄마가 자꾸 더 먹으라고 하니까 유치원 늦잖아요!"

아이들이 등원하고 남편도 출근했다. 식탁 위는 엉망이고 거실 바닥엔 장난감과 옷가지가 널브러져 있다. 치워야지 싶다가 일단 소파에 털썩 주저앉았다. 한숨이 절로 나온다. 빨래를 널고, 설거지하고, 아이들 간식 준비하고, 하원 마중 나가고. 몸이 열 개라도 모자란 일상이다.

아이들에게 김영진 작가의 그림책 『피아노 치는 곰』을 읽어주던 날. 이 책에 등장하는 전업주부 엄마의 모습에서 나를 보았다. 멍하니 창밖만 보던 엄마는 어느 날 갑자기 곰이 되어버린다. 계속 잠만 자고 있으니 안정적이던 집안이 금세 어수선해진다. 소식을 듣고 찾아온 외할머니는 청진기로 엄마의 마음 소리를 듣는다. "엄마가 피아노를 치고 싶어 하는구나." 외할머니가 살림을 도와주고, 아빠는 아이들을 돌본다. 아이들은 서로 도우며 엄마가 좋아하는 사과를 챙기고, 아빠는 엄마를 위해 피아노를 구해다 놓는다. 엄마는 말없이 그리고 온종일 피아노만 친다. 가족들의 응원 소리를 들으며 연주회 무대에 선다. 매일 연습한 만큼 온 힘을 다해 피아노를 치며 다시 엄마의 모습으로 돌아온다. 곰으로 변해버린 엄마가 꼭 내 모습 같아서 눈물이 터졌다. 무엇을 좋아했고 잘했는지조차 가물가물한 나. 잃어버린 나를 되찾는 길은 어디에 있을까?

2019년, 조남주의 소설을 원작으로 한 영화 〈82년생 김지영〉이 개봉했다. 여성이 겪는 일상 속 차별과 불평등에 관한 내용이라는 글을 읽었다. 혹시 내 이야기가 아닐까. 아주 오랜만에 마스카라까지 하고 혼자 영화 보러 갔다. 그날 입었던 베이지색 코트와 갈색 앵클 부츠를 신고 빨간 토트백을 들었던 모습도 선명하게 기억난다. 영화 보는 내내 손에 쥔 휴지로 눈물을 훔쳤다. 나도 비슷한 시기에 우울하고 침잠했다. 좋은 엄마이자 좋은 아내라는 주변 사람의 말이 아무런 위로가 되지 않던 시절. 곁에 사랑하는 가족이 있지만, 나는 외롭고 버거웠다. 아무리 애써도 더 많은 기대에 부응해야 하는 상황을 벗어나고 싶었다. 아이 훈육도 자신 없었다. 씩씩하고 현명하게 모든 역할을 해내지 못하는 내가 싫었다.

영화를 본 며칠 뒤, 퇴근 후 아이들 저녁을 먹이고 나니 난리가 났다. 첫째 아이가 장난감 조립이 잘되지 않는다며 악을 쓰고 울었다. 둘째 아이는 화장실 문에 설치해 놓은 울타리를 열고 들어가 변기에 손을 넣고 찰방거리고 있었다. 남편에게 전화를 걸고 울면서 말했다.

"내가 없어져 버렸으면 좋겠어."

남편은 깜짝 놀라 8시에 집으로 왔다. 평일에 한 번도 그렇게 일찍 온 적 없던 남편. 10시에 들어와서는 지쳐 있는 내게 왜 장난감 정리를 안 해놓는 거냐고 속없이 묻던 사람. 야속하면서도 숨통이 트였다.

그날을 기점으로 남편은 9시 전에 들어왔다. 나와 아이들이 잠들면 빨래도 갰다. 내가 도저히 아이들 목욕시킬 힘이 없는 날엔 좀 늦더라도 남편이 아이들을 씻겼다. 그렇게 우리 가족은 조금씩 균형을 찾아갔다. 코로나 팬데믹이 시작되면서 무역회사 다니는 남편의 해외 출장길이 막혔다. 누군가에겐 불편한 시간이었지만 우리 가족에겐 구원의 손길과 같았다. 남편은 서툴렀지만, 구체적인 행동으로 사랑을 표현하기 시작했다. 아이들 학부모 상담에 동행했고, 출근 준비로 바쁜 나를 위해 달걀을 삶았다.

내가 본 그림책과 영화에 등장하는 엄마가 자신을 찾을 수 있었던 이유. 삶에서 스스로 선택하고 결정하는 기회를 잡았기 때문이다. 하지만 그 전에 해야 할 일이 있다. 너무 늦지 않게 자신이 괜찮은지 살피고 용기 내어 도움을 요청하는 일. '괜찮지 않아도 괜찮다'라고 여기는 일.
"나 힘들어. 도와줘."
가족은 누군가 힘들 때 함께 상황을 파악하고, 서로에게 공감하며 각자의 몫을 해 나가야 한다. 힘들수록 가족 모두가 서로의 버팀목이 되어야 한다. 인생의 동반자와 살아가다 보면 틈이 생긴다. 그 틈을 메우지 않으면 점점 멀어질지도 모른다. 매일 기쁨과 슬픔을 나누고 작은 실천을 쌓아갈 때, 틈은 오히려 관계를 단단하게 만드는 기반이 된다. 그렇게 쌓인 신뢰와 사랑은 어떤 상황에도 쉽게 무너지지 않을 것이다.

지금, 나와 내 소중한 사람들이 괜찮은지 살피는 일. 우리가 할 수 있는 가장 중요한 행위다. 그림책 『피아노 치는 곰』은 제목을 달리해 개정판 『엄마는 왜?』로 출간됐다. 작가는 첫 책을 준비하며 엄마의 희생을 당연하게 여기는 상황을 다시 한번 생각해 보길 바라는 마음으로 작업했다고 한다. 그러나 독자들은 달라지지 않은 엄마의 일상을 그린 기존 결말에 관해 아쉬움을 표했다. 결국 마지막 장면을 수정하여 새로운 결말을 선보였다. 엄마 혼자 힘낸다고 달라지지 않는 현실. 그 말이 아프게 다가왔다. 작가가 다시 그린 마지막 페이지와 〈82년생 김지영〉이 자기 이야기를 시작하는 마지막 장면의 여운이 가시지 않았다. 지금도 누군가는 마음속으로 묻고 있다. '나는 왜 이렇게 지칠까?' 그 질문은 연약함을 인정하고 회복하기 위한 출발점이다.

한 개인의 구체적인 서사는 중요하다. 서로를 이해하고 함께 행복하기 위해 우리는 모두 '나의 이야기'를 들려주어야 한다. 그래서 나도 내 이야기를 시작한다.

누구나 한때 곰이 되어버리는 순간이 있습니다. 무엇을 좋아했고, 무엇을 원했는지조차 잊은 채 반복되는 일상에서 자신의 마음을 등한시하며 살아갑니다. 때때로 우리는 삶의 무게 앞에 주저앉을 수 있지만 다시 나를 찾아가는 길은 분명 존재합니다. 그 시작은 '괜찮지 않다.'라고 말하는 용기입니다. 나를 돌보는 일이 나를 위한 것이자 가족 모두를 위한 일임을 잊지 않기를 바랍니다. '엄마'라는 이름으로 살아가는 우리가 서로 이야기를 꺼내 놓는다면 또 다른 누군가에게 위로가 될 수 있습니다.

더 빛날 당신을 위한 질문

Q. 당신 마음의 목소리에 얼마나 자주 귀 기울이고 있나요? 당신은 지금 괜찮습니까?

4

엄마도 도움이
필요하다는 사실

"너 왜 울어? 그만 좀 울라고 했지?"

하루에도 몇 번씩 소리쳤다. 우는 아이에 대한 적절한 반응이 아니었다. 아이가 악을 쓰고 우는 데는 분명 이유가 있었을 터다. 하지만 마음의 여유가 없는 상황에서는 그저 듣고 싶지 않은 소리, 보고 싶지 않은 얼굴일 뿐이었다. 내가 추구하는 가치와 일치하지 못했던 말과 행동, 선택으로 몇 개월을 흘려보냈다.

첫째 아이 여섯 살, 둘째 아이 21개월 무렵 복직했다. 첫째 아이가 유치원 버스 타는 시간은 9시 넘어서였고, 둘째 아이도 어린이집에 다녀야 했다. 나와 남편이 등원시킬 수 없는 시간이라고 판단해 차로 20분 거리에 사는 시부모님이 와주셨다. 첫째 아이는 아침마다 울거나 짜증을 냈다. 엄마와 함께 있었던 시간이 많았다가 갑자기 할머니, 할아버지가 오시니 적응하기 힘들었던 모양이다. 감정표현에 서툰 아이는 말보다 우는 걸로 힘든 마음을 나타냈다. 두 분은 최선을 다해 아이를 챙기셨지만, 눈에 보이는 행동은 버릇없다고 생각할 수밖에 없으셨을 거다. 남편과 나는 두 분께 죄송하고 민망해서 저녁마다 아이를 다그쳤다. 아이 편에서 보면 자기 마음을 알아주는 사람이 아무도 없었다. 더 큰 문제는 둘째 아이도 형을 쉽게 보기 시작했다는 점이었다. 내 마음은 폭풍 속에서 이리저리 표류하는 한 척의 배 같았다. 벼랑 끝 위기에 선 우리 가족은 과연 무사할 수 있을까?

그해 겨울, 코로나바이러스가 세상을 뒤덮기 시작했다. 방학 동안 있는 힘을 다해 아이를 돌봤고, 개학이 늦춰지며 더 많은 시간을 아이와 보낼 수 있었다. 아이는 차츰 안정됐다. 문제는 나였다. 그동안 누적된 외로움과 억울함, 맏며느리로서 책임감, 아들과 성향 차이, 한계에 다다른 체력, 엄마로서 인내심과 평정심을 갖지 못했다는 자괴감 그리고 감정적으로 아이를 대하고 난 뒤의 자책까지. 이 모든 것이 나를 괴롭혔다. 고통 속에서도 애써 괜찮은 척하며 버티고 있었다.

나는 도움이 필요했다.

견딜 수 없는 괴로움에 몸부림치다가 내 발로 상담센터를 찾아갔다. 건물 1층에 도착해 두리번거리며 층별 안내판을 찾았다. 센터가 몇 층에 있는지 빠르게 눈으로 훑었다. 심장은 뛰고 몸은 굳은 채 엘리베이터를 탔다. 상담센터 문턱을 넘던 순간 깨달았다. 나는 이미 한 걸음 내디뎠다는 사실을. 나의 약함을 인정하고 도움을 구하는 용기 있는 선택이었다. 처음으로 상담 신청서를 작성하며 내담자의 마음을 더 깊이 공감했다. 얼마나 두렵고 부정하고 싶었을까. 아이를 데리고 상담을 의뢰하는 부모님들의 심정을 조금이나마 이해했다. 나 역시 누군가에게 도움을 요청할 수 있는 사람이었다. 그 사실을 인정하면서 나를 돌보기 시작할 수 있었다.

원장은 두 아이를 성인으로 키운 워킹맘이자 상담심리학 박사였다. 그녀는 내게 신앙과 함께 큰 상처 없이 성장한 가정환경이 내 안의 힘이 되었을 거라고 말했다. '당신은 긍정적인 자원을 지닌 사람'이라고. 그 말을 들으며 비로소 나의 삶을 지탱해 온 소중한 자원들을 발견했다. 내게 엄마로서 자존감 점수를 매겨보라고 했다. 곰곰이 생각하다가 "75점이요."라고 답한 순간 마음이 복잡했다. 왜 그 점수를 줬는지 물었다. '50점은 아이를 먹이고 입히고 씻기는 등 기본적인 역할을 했기 때문에, 나머지 25점은 힘든 상황에서도 포기하지 않고 용기 내어 상담센터에 찾아왔기 때문에'라고 답했다. 엄마로서의 자존감을 회복하고 싶었다. 스스로에게 더 높은 점수를 줄 수 있는 날을 기대하며.

그 당시 블로그에 일기를 쓰고 있었다. 이 모든 과정을 비공개로 기록하려다가 용기를 내어 공개했다. 나와 아이, 가족을 위해 그리고 비슷한 경험을 한 이들에게 위로와 공감이 되기를 바라는 마음으로. 글을 읽은 이웃들은 응원과 격려의 댓글을 남겼고, 그중 몇은 비슷한 어려움을 겪고 있다고 고백했다. 나의 이야기가 누군가에게 작은 위로의 씨앗이 될 수 있음을 깨달았을 때 내 상처와 회복의 과정은 더 큰 의미가 되었다.

물론 상담센터를 향하는 발걸음이 마냥 가벼웠던 건 아니다. 누군가 우리를 문제 있는 사람 혹은 가정이라고 생각하진 않을까 염려됐으니까. 하지만 그 문을 넘으며 깨달았다. 특수교사로 일하며 양육자들에게 위로와 공감을 건넸던 내 말들이 어쩌면 가벼웠을지도 모른다는 것을. 정말 이해하려면 그 사람의 살갗 안으로 들어가 그가 되어 걸어보아야 한다는 하퍼 리의 『앵무새 죽이기』 속 문장이 떠올랐다. 나도 그제야 울고 있는 내담자와 양육자의 마음으로 그 길을 걸어보게 되었다.

> *"아빠의 말이 정말 옳았습니다. 언젠가 상대방의 입장이 되어 보지 않고서는 그 사람을 정말로 이해할 수 없다고 하신 적이 있습니다. 래들리 아저씨네 집 현관에 서 있는 것만으로도 충분했습니다."*

그날 나는 상담센터의 현관에 서 있었다. 그곳에서 비로소 누군가의 마음을 이해할 수 있는 사람이 되어갔다.

도움이 필요하다는 사실을 인정하고 실천으로 옮긴 순간, 자기 돌봄이 시작되었다. 엄마이기 이전에 나도 한 사람이다. 그 당연한 진리를 받아들이고 나서야 다시 일어설 수 있었다. 더 이상 완벽한 사람이 되려 애쓰기보다 힘겨울 땐 잠시 쉬어가며 나 자신을 다독이는 삶을 선택하려 한다. 내 안의 긍정적인 자원을 발견하고 내 마음을 돌보는 이 여정이 언젠가 또 다른 이의 빛이 되기를 소망한다. 우리가 서로 이야기를 들려줄 때 치유는 시작된다. 100점은 필요 없다. 아이를 품에 안고 행복했던 순간을 떠올리며, 앞으로도 75점에서 한 걸음 더 나아가는 나를 응원하며 살아가려 한다.

> 우리는 모두 누군가의 돌봄이 필요한 존재입니다. 부모라는 역할이 때로는 버겁고, 서툴 수 있습니다. 길을 잃은 것만 같을 때도 있죠. 약함을 드러내는 일은 부끄러운 일이 아니라 더욱 단단해지기 위한 시작입니다. 도움을 요청하는 용기야말로 자기 돌봄의 출발점이며, 그 한 걸음이 삶의 균형을 회복하는 중요한 전환점이 될 수 있습니다. 나의 고백이 누군가의 위로가 되었듯 당신의 이야기 또한 누군가의 어두운 밤을 밝히는 빛이 될 수 있습니다.
>
> **더 빛날 당신을 위한 질문**
>
> **Q.** 당신의 자존감 점수는 몇 점인가요? 누군가에게 도움을 요청할 수 있는 용기를 품고 있나요?

✦ 5 ✦

낭만을 지나
연민을 품다

"나는, 우리 집의 가장이야."

결혼한 지 7년쯤 된 어느 날, 남편이 결연한 얼굴로 말했다. 그동안 남편은 가정이라는 동그라미 밖에서 손님처럼 오갔고, 나는 사무치는 억울함에 그를 원망하던 날들이 많았다. 너무 늦지 않게 깨달아줘서 고마웠다. 그 말 한마디에 눈물이 났다.

한 손엔 서류 가방, 다른 한 손엔 자그마한 아이 손을 잡은 남자가 아파트 단지를 나선다. 봄에는 흩날리는 벚꽃을 잡느라 이리저리 뛰고, 여름엔 사이좋게 우산을 쓰고 나란히 걷는다. 가을엔 낙엽을 주워 공중에 날리고, 겨울엔 눈을 뭉쳐 던지다가도 이내 손을 꼭 잡는다. 3년 동안, 출장 없는 아침마다 아이들 등교시키는 내 남편의 모습이다. 그가 말했다.

"예전부터 꿈꾸던 일이야. 아이를 키우면서 가장 가치 있는 시간이라고 생각해. 몇 년 뒤엔 같이 가자고 해도 혼자 갈 테니까. 내가 하루 중 가장 좋아하는 시간이야. 곧 사라질 선물이라는 걸 알기에 더 애틋해."

아이들과 함께하는 시간이 적었지만, 마음만큼은 진심이었다. 등원, 등교 준비를 자기 일로 받아들이자, 아침 식사 준비를 자처했다. 여전히 일상의 불평등은 존재했지만, 내가 먼저 남편의 권위를 세워주니 그는 책임감으로 응답했다. 매일 아침 남편의 지적, 신체적, 사회적, 영적 영역을 위해 기도한 결과다. 내 태도가 바뀌니 억울함보다 그의 애씀과 삶의 무게가 보였다. 연민이 생겼다.

남편은 가족에게 지시하지 않는다. 대신 가족의 평안을 위해 자신을 내어준다. 길에서 힘을 자랑하거나 명품 시계로 자신을 나타내기보다, 가족을 지키고 매일 밤 기도하며 주말이면 음식물 쓰레기를 버린다. 연애할 때 읽었던 알랭 드 보통의 『낭만적 연애와 그 후의 일상』의 한 문장이다.

"사랑을 유발했던 신비한 열정으로부터 눈을 돌릴 때 사랑이 지속될 수 있음을, 유효한 관계를 위해서는 그 관계에 처음 빠져들게 한 감정들을 포기할 필요가 있다는 결론에 이를 것이다. 이제 그는 사랑은 열정이라기보다 기술이라는 사실을 배워야만 할 것이다."

사랑이 기술이라면 나는 남편에게 어떤 선물을 줄 수 있을까? 2021년부터 결혼기념일마다 남편의 좋은 점을 블로그에 기록하기 시작했다. 남편이 우리 가정의 가장임을 스스로 깨닫고 선포한 바로 그해부터.

당시, 첫째 아이 친구의 엄마이자 지금은 벗이 된 교육 블로거 올리거님이 부부의 날을 맞아 '당신의 좋은 점 100가지'라는 제목의 글을 올렸다. 말도 안 돼. 10가지도 아니고 100가지라니! 과연 가능할까? 마침 결혼기념일이 얼마 남지 않았다. 노트북 앞에 앉아 하나씩 쓰기 시작했다. 결혼 8주년에 80가지를 찾아냈고, 9주년엔 90가지, 10주년엔 100가지를 적었다. 맙소사, 이게 된다니. 11주년이 되었을 때는 '이제 그만할까? 더는 못 찾겠어!' 싶었다. 하지만 기념일 밤 9시, 블로그 새 글쓰기 페이지를 열었다. 아주 사소한 점이라도 발견하는 과정 자체가 의미 있는 기념이 될 것 같았다. 결국 10가지를 더 찾아냈고, 올해는 작년보다 좀 더 빠른 속도로 120

가지를 채웠다.

 남편과 살아오면서 서로 다른 원가족 문화를 이해하기 어려울 때도 많았다. 행동양식의 차이로 오해하고 가치관의 충돌로 다투었다. 언성이 높아지면 아이들 눈치 보며 낮추고, 토라졌다가도 이틀은 넘기지 말자 약속하며 대화했다. 요즘 연애의 끝은 결혼이 아니라 비혼이라는 말도 들린다. 그만큼 결혼이라는 관계의 무게가 무겁다는 의미. 부모가 아닌 사람과 부모보다 더 오래 살아야 하니, 쉽지 않다.

 김창옥 교수는 좋은 배우자를 만나 결혼 생활을 지속하려면 '모국어가 좋은 사람'을 만나야 한다고 했다. 본연의 언어가 부드럽고 따뜻한 사람이면 더없이 좋겠지만, 많은 경우 '언어'는 배우자를 선택할 때 우선순위가 아니다. 하지만 언어는 배울 수 있다. 좋은 말을 배워서 사용할 수 있다. 오랜 시간을 함께하는 배우자와 서로 가진 언어를 이해하지 못하면 참 힘든 일이다.

 남편은 좋은 모국어를 사용하는 사람이다. 내 편에서 이해하기 좋은 외국어도 배우는 중이다. 나 또한 남편의 언어, 내겐 외국어 같은 그의 표현 방식을 '의지를 가지고' 배운다. 서로 상처 주는 모국어보다, 서로 존중하는 외국어가 더 많아진다면 어떨까. 배우자의 좋은 점을 기록하는 일도, 좋은 외국어가 될 수 있지 않을까.

어느 날 남편이 말했다.

"세상의 기준으로 보면 난 루저일지도 몰라. 무리에서 주류가 아니었고, 리더보다는 구성원이었거든. 술도 안 마시고, 담배도 안 피우고, 당구도 안 치고. 이성에게 인기를 끌거나 유명한 사람도 아니었으니까. 하지만 그런 걸 매력으로 보지 않는 너를 만나서 다행이야."

그 말을 듣고 생각했다. 진짜 사나이는 바로 이 남자가 아닐까. 내 남편, 우리 아이들의 아빠가 되어줘 참으로 고맙다. 두 아들이 자라서 남편 같은 사나이가 되길 진심으로 바란다.

결혼은 낭만의 완성이 아니라, 연민과 이해로 다시 빚어가는 과정이다. 함께 살아가는 사람의 결핍을 채우려고 노력하기보다는 모난 부분까지 껴안고 존중하는 일이다. 우리는 서로의 모국어로 상처 주다가도 외국어처럼 어색하게 배워간 존중의 말로 관계를 지켜간다. 배우자의 좋은 점을 발견하고 기록하는 작은 실천은 바래져 가는 사랑을 다시 빛나게 한다. 사랑은 매일 쓰는 언어에서 시작된다.

(비하인드. 내가 처음 '당신의 좋은 점 80가지'를 작성했던 결혼 8주년 기념일. 남편은 그날이 결혼기념일이라는 걸 잊어버렸다. 며칠 전까지는 기억하고 있었더란다. 그 뒤로는 잊지 않고 꽃다발을 사왔다. 매년 지켜보겠다.)

사랑은 처음 느꼈던 낭만보다 연민으로 깊어집니다. 함께 살아간다는 것은 다름을 알아가고, 언어를 배우듯 서로 가진 방식을 익히는 일입니다. 이해받기보다 이해하기를 선택하고 많은 말보다 깊은 공감의 태도를 쌓아가는 과정입니다. 서로를 향한 기대가 실망으로 그치지 않길 바랍니다. 존중과 애틋한 연민으로 변화할 때 우리는 비로소 사랑이라는 관계를 지속하는 힘을 얻습니다. 관계는 선택하고 훈련하고 지켜가는 것이니까요.

더 빛날 당신을 위한 질문

Q. 지금 당신 곁의 사랑하는 사람과 어떤 '사랑의 언어'가 오가고 있나요?

6

절제는
절제를 낳고

 2023년 5월, 나는 담낭을 절제했고, 같은 해 9월, 남편은 갑상샘을 제거하는 수술을 받았다.

나의 절제

 30대 중반부터 소화가 잘되지 않았다. 위내시경 검사 결과는 이상이 없었지만, 저녁에 라면을 먹으면 새벽에 토하는 일이 잦아졌다. 그러다 보니 저녁에 밀가루가 들어간 음식을 먹을 때마다 남편이 괜찮냐고 물어봤다.

 남편은 출장 가고 아이들과 함께 자던 어느 새벽. 가슴과 등에서 참을 수 없는 통증이 밀려왔다. 식은땀으로 베개가 축축해졌고, 끙끙 앓는 소리가 절로 나왔다. 구급차를 부르고 싶었지만 당장 아이들을 맡길 데가 없었다. 불도 켜지 않은 채 겨우 일어나 소화제를 삼켰다. 냉장고 앞에서 매실청을 찾다가 주저앉았다. 심호흡을 반복하며 물을 타서 들이켰다. 손끝을 꾹꾹 눌러가며 몸을 풀어보았다. 그렇게 아침을 맞았고, 다행히 숨 쉬는 게 한결 편안해져 출근했다. 괜찮아진 줄 알았다.

며칠 뒤, 남편이 돌아온 날. 피자를 먹었고, 그날 밤 똑같은 증상이 나타났다. 밤늦게 응급실에 가자고 말하는 나를 보며, 남편의 눈빛이 말하는 듯했다. '하, 밀가루를 또 얼마나 먹은 거야.' 남편은 피곤한 얼굴로 말했다. "그냥 약 먹으면 안 돼?"

서운한 마음에 그 자리에서 목 놓아 엉엉 울었다. 친정엄마가 급히 오시기로 하고, 나와 남편은 대학병원 응급실로 향했다. 수액을 맞고 한 시간이 지나니 숨쉬기 편해졌다. CT 검사 후 의사는 단호하게 말했다. "담낭에 돌이 있습니다. 급성담낭염으로 보이는데, 당장 절제하는 게 좋겠습니다." 그렇게 하루아침에 쓸개 없는 여자가 됐다.

큰 병이 아니라 다행이었지만, 머리를 한 대 맞은 듯한 기분이었다. 담낭은 지방을 분해하는 역할을 하는 장기라 절제 후엔 담즙이 배출되지 않는다. 후유증으로 인해 기름진 음식을 먹으면 곧장 화장실로 달려가야 했다. 식습관을 바꿔야

했지만, 매운 오돌뼈와 로제 파스타, 바닐라 라테가 자꾸 생각났다.

남편의 절제

퇴근한 남편이 집에 들어오자마자 내 손을 잡고 자기 가슴에 가져다 댔다. 쿵쿵쿵쿵쿵. 남편이 내 눈을 바라보고 씩 웃으며 말했다. "심장아, 나대지 마." 사랑 고백인 줄 알았다. 실상은 그레이브스병으로 인한 갑상샘 항진증 때문이었다. 게다가 부정맥까지 생겨 심장이 빠르게 뛰고 있었다는 사실.

남편은 결혼 전부터 지금까지 약을 먹었다. 피곤함이 일상이었고, 해외 출장을 다녀오면 더욱 심해졌다. 스트레스를 받을 때마다 한 달 사이에 5~10kg이 빠졌다. 속상한 마음에 오래 바라볼 수도 없었다. 이미 15년째 약을 먹고 있었고, 부작용이 생기기 시작했다. 담당 의사는 갑상샘 전절제를 권했다.

수술 당일, 나는 보호자로 그의 하루를 함께했다. 내가 수술받을 때 남편과 친정엄마가 손을 잡아줬는데 이번에는 내가 남편의 손을 잡을 차례였다. 아침 7시 30분, 아이들 아침 식사와 등교를 시부모님께 부탁드린 뒤 병원으로 향했다. 지하철을 탔다. 늘 자차로 출퇴근하느라 아침 공기를 맡을 일이 드물었는데, 유난히 모든 감각이 선명해졌다. 햇빛에 반짝이는 한강의 표면, 바람에 흔들리는 나뭇잎. 모든 것이 새삼 감사함으로 다가왔다. 신촌역에 도착해 병원으로 가는 셔틀버스를 탔다. 병원에서 남편을 만나자, 그는 긴장을 애써 감추듯 웃으며 말했다. "수술 끝나면 목에 열감이 많대. 찬 음료랑 아이스크림 많이 먹어야겠다!" 짠한 마음이 들었다. 남편이 수술실로 들어간 뒤, 나는 병원에 마련된 하늘공원에 앉아 성경 구절을 바라보며 기도했다. 수술이 끝나고, 마취가 덜 풀려 어지러워하는 남편의 얼굴을 어루만졌다. "수고했어." 동지애가 느껴졌다. 남편이 쇳소리로 소곤거리는 게 안쓰러웠다. 우리는 손을 맞잡고 조용히 눈물을 흘렸다. 밤 9시, 얼음물을 준비해 두고 남편을 안은 채 기도한 뒤 집으로 돌아왔다. 가는 길에 남편에게 문자가 왔다.

"I decided not to be afraid or worry."(나는 두려워하거나 걱정하지 않기로 결심했어.)

집에 도착하니 아이들이 외할머니와 함께 엄마인 나를 기다리고 있었다. "아빠 빨리 나으시라고 기도했어요." 아이들의 말에 마음이 따뜻해졌다.

절제하며 살아가기

나는 아직도 지방이 포함된 음식을 먹으면 한두 시간 내로 화장실을 찾는다. 남편은 갑상샘 항진증에서 저하증으로 바뀌어 살이 찌고 있다. 우리의 절제(切除)는 절제(節制)를 가르쳐 주었다.

먼저, '음식의 절제'다. 기름지고 매운 음식을 먹던 습관을 바꾸기로 했다. 아이들에게는 골고루 먹으라고 말하면서 정작 나는 몰래 라면을 끓여 먹었다. 이제 저자극, 저염, 저지방 식단을 실천해야 할 때다.

다음으로, '행동의 절제'다. 하고 싶은 일보다 해야 할 일을 먼저 하기로 했다. 아이들에게 "해야 할 일을 먼저 한 뒤에 하고 싶은 걸 하라."고 말하면서도, 정작 우리는 본이 되지 못했다. 이제는 아이들과 더 많은 시간을 보내고, 집안일을 미루지 않으며, 조금이라도 운동하기로 했다.

마지막으로, '감정의 절제'다. 분노를 조절하고, 슬픔에 깊이 빠지는 것을 경계하기로 했다. 감정은 몸에도 영향을 주기에 평소 잘 관리해야만 한다. 말로 부정적인 감정을 표현하기 전, 먼저 내 마음을 들여다보고 심호흡하기. 참기 힘들

땐 잠시 자리를 벗어나기. 잊어버릴 때마다 이 다짐을 떠올리기.

"절제의 기술을 배워야 하는 이유가 우리에게 특별히 대단한 인내력이 있다는 걸 다른 사람에게 자랑하는 데 있지 않다는 것이다. 절제는 계속해서 쾌락 쳇바퀴를 달리는 행위, 새로운 쾌락을 끊임없이 찾아다니는 행동을 멈추는 데 쓰여야 한다."

- 스벤 브링크만, 『절제의 기술』

절제는 고통스러운 선택처럼 보이지만 때로는 우리를 살리는 지혜가 된다. 무언가를 '잘라내는' 경험은 아파도 그 빈자리를 채우는 것은 절제된 삶의 아름다움이다. 지나친 욕망을 줄이고 당연하게 여긴 일상을 감사하게 여기는 마음이 진정한 회복의 시작이 아닐까? 몸과 마음을 돌보며 매일을 살아가는 일. 가장 현실적인 사랑이고, 건강한 삶의 방식이다.

여보, 몸도 마음도 건강하게 나이 들어갑시다. 부축 말고, 데이트할 때 손잡고 싶어요.

삶은 때로 우리에게 '자르고 버리는 용기'를 요구합니다. 몸의 일부를 절제한 경험은 단지 건강의 문제를 넘어, 삶의 태도를 바꾸는 전환점이 되었습니다. 무심코 누렸던 일상을 멈추고, 새롭게 조율하는 삶. 절제는 불편하지만, 우리를 더 건강하게 살아가게 합니다. 우리 삶은 과잉보다 부족한 것에서 더 겸손해지고, 절제를 통해 비로소 본질에 다가갑니다. 사랑하는 이와 함께 오래 걷기 위해, 오늘도 우리는 적당히 멈추고 덜어내는 법을 배워가야 합니다.

더 빛날 당신을 위한 질문

Q. 당신은 지금 무엇을 '절제'함으로써, 더 오래도록 자신을 지켜낼 수 있을까요?

✦ 7 ✦

숨겨진 이빨을
도려내는 일

주부 13년째. 퇴근 후 피곤하지만 딱 우리 식구가 먹을 만큼은 요리한다. 명절이 다가오면 남편은 회사에서 받은 선물이라며 산소 포장된 전복을 들고 온다. 손질이 까다로워 매번 망설인다. 그래도 어쩌겠나. 신선할 때 다듬지 않으면 금방 상하니 서둘러야 한다.

아이들 목욕은 남편에게 맡기고 비장한 마음으로 싱크대 앞에 선다. 준비물은 큰 솔, 숟가락, 칼, 가위. 왼손에는 전복을, 오른손에는 솔을 들고 박박 문질러 거뭇한 물때를 벗겨낸다. 매끈한 속살이 드러날 때까지 반복하며 문지른다.

그러다 문득, 전복에서 나를 본다. 겉으로는 영양가 있고 고급스러워 보이지만 실은 삶의 먼지와 습관, 고집으로 덮여 있었던 건 아닐까. 문질러야 속이 드러나고, 들춰야 본모습이 보인다. 그래, 나는 완전무결할 수 없는 존재다.

이제 숟가락으로 껍데기에서 전복을 떼어낸다. 힘을 주다 보면 잘 미끄러지고, 껍데기의 날카로움에 손가락이 베인다. 때론 잘 떼어내지 못해 애꿎은 살점까지 손실된다. 그럼에도 불구하고 꼭 분리해야 한다. 나를 붙잡고 있던 익숙한 것들과 내 본질을 가르는 시간. 쉽지 않지만 해내야 한다.

전복의 이빨을 제거하는 일도 빼놓을 수 없다. 처음엔 이빨이 있는 줄도 몰랐다. 신혼 초 그냥 먹었다가 입에서 뱉어낸 적이 있었다. 지금은 안다. 겉은 깨끗해 보여도, 보이지 않는 날카로운 것들이 나를 찌르고 때로는 타인을 상처 입힌다는 걸. 그러니 내 안의 숨겨진 교만도 조심스레 살핀다.

내장을 분리한다. 빛깔이 예쁘지 않아 그냥 버리고 싶을 때도 있지만 죽 끓일 때 넣으면 얼마나 영양가가 있는지 모른다. 버리고 싶은 것들 속에도 종종 삶의 깊이가 스며 있다는 것을 이제는 안다.

모든 손질을 마치고 전복은 지퍼백에 담아 냉동실에 넣는다. 남은 껍데기와 이빨은 쓰레기통으로, 물때 튄 싱크대와 벽면은 마지막까지 닦는다. 내 마음도 그렇게 정리되고 정돈되기를 바란다. 지나간 시간에 묻은 흔적까지 살펴야 비로소 후련해진다.

오늘 이 일련의 과정은 그저 재료를 손질하는 시간이 아니다. 바쁘고 복잡한 일상에서 잠시 멈추어 나를 돌아보게 해준 작은 계기다. 귀찮음과 손끝의 상처 속에서 내 안의 묵은 생각들을 하나씩 도려낸다.

죽을 끓이든 버터로 구워내든 회로 먹든 전복은 사람 몸에 좋은 재료다. 그렇다면 내 삶도 어떻게 쓰이든 어떤 방식이든 누군가에게 따뜻한 에너지로 전해질 수 있다면 좋겠다. 오늘도 그렇게 마음을 닦는다.

누구나 마음속 어딘가에 보이지 않는 '이빨' 하나쯤은 숨기고 산다. 자기 마음을 들여다보고 다듬는 일이 귀찮고 고단해도 분명 더 정제되고 진실한 존재로 나아갈 수 있다. 재료 손질, 청소, 빨래 개는 일 등 집안일은 우리를 가다듬는다.

날마다 묵은 감정을 걷어내고 타인을 찌를지도 모를 고집과 자존심을 살펴내며, 조금씩 더 나은 사람이 되어간다.

삶은 때로 우리에게 다듬어야 할 오랜 습관과 감춰진 상처를 드러내도록 합니다. 전복을 손질하며 내면의 불순물을 하나하나 제거하는 과정처럼 우리 각자는 마음 깊은 곳에 묻혀 있던 미처 닦이지 않은 흔적들을 마주하게 되죠. 그 순간 우리는 내면의 숨은 진실을 직시하고 비로소 조금씩 정제된 자신을 만들어 갑니다. 이 과정이 쉽지 않더라도 진실한 존재로 성장해 나가는 길임을 깨닫게 합니다.

더 빛날 당신을 위한 질문

Q. 당신 안에 감춰지거나 아직 다듬지 못한 '숨겨진 이빨'이 있다면 무엇일까요? 그것들을 마주할 용기를 어떻게 기를 수 있을까요?

Chapter 2

엄마인 나를
돌보기 시작하다

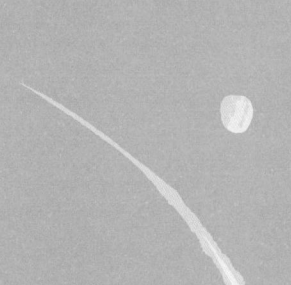

✦ 1 ✦

마흔 앓이
: 친정엄마의 마흔을 마주하다

"엄마, 엄마 마흔 살에 내가 몇 살이었죠?"
"내가 스물여덟에 너를 낳았으니까… 열세 살 같은데?"

마흔이 되고 나서 문득 친정엄마의 마흔을 떠올렸다. 그때 엄마는 어떤 모습이었을까. 나는 어떻게 자라왔을까.

강원도 영월이 고향인 엄마는 세 명의 남동생을 둔 맏딸이었다. 시골에서는 딸을 고등학교까지 공부시키는 일이 드물었지만, 외할아버지와 외할머니는 엄마를 서울에 있는 고등학교로 보내셨다. '맏딸은 살림 밑천'이라는 통념을 깨고 배움의 길을 열어 주신 것이다. 엄마는 학교를 졸업한 후 제약회사에서 일하다가 스물일곱에 아빠를 만났다. 선본 이후 아빠는 오른손이 절단되는 사고를 당했다. 병원으로 찾아간 엄마는 아빠와 연애를 시작해 우여곡절 끝에 결혼했다. 장애인과 결혼을 택한 엄마는 살면서 불평이나 신세 한탄 한 번 한 적 없었다. 회사를 그만두고 집에서 부업하며 어린 나와 동생을 돌봤다. 하교 후에는 함께 도넛도 만들었고, 동네에서 보기 드문 자녀에게 책 읽어주는 엄마였다. 도시락 앞주머니에 매일 편지와 100원을 넣어주는 다정한 사람이었다.

엄마는 배움에 대한 열정을 놓지 않았다. 서예, 꽃꽂이, 점토공예 등 동사무소에서 제공하는 교육 기회를 적극적으로 활용했다. 우리를 데리고 동네 독거노인과 장애인들을 찾아가 설거지나 빨래를 도왔다. 나는 동생과 함께 노래를 부르거나 어르신들 어깨를 주물러 드렸다. 엄마는 빨래를 개면서도 작은 목소리로 기도했고, 산책하며 불어오는 바람을 느낄 때마다 자연의 아름다움에 감사했다. 집 거실에 오래된 피아노가 있었다. 나와 동생은 엄마가 결혼 전부터 치던 그 피아노로 연습하며 교회 반주자가 됐다. 엄마의 책장에 꽂힌 책 제목을 읽으며 한글을 배웠고, 글을 읽을 수 있게 되자 용혜원 시인의 시집을 따라 읽곤 했다. 엄마가 직접 붓글씨로 써서 거실 벽에 걸어둔 '범사에 감사하라'라는 문장을 보며 글자를 따라 썼다.

내가 초등학교 5학년이었을 때 엄마는 신학 공부를 시작했다. 일주일에 두 번 저녁마다 공부하러 나가는 엄마가 자랑스러웠다. 누군가 전화를 걸어 엄마를 찾으면 나는 기쁜 마음으로 "공부하러 가셨어요."라고 대답했다. 엄마는 자주 '사명'이라는 단어를 입에 올렸다. 나와 동생은 자라서 스스로 밥을 챙겨 먹고 숙제를 할 수 있게 됐다. 그제야 나는 엄마가 공부할 타이밍을 기다려왔다는 사실을 알게 되었다.

우리는 가난했다. 양귀자의 소설 『원미동 사람들』의 배경이 된 동네에 살았고, 보습학원 다닐 형편도 되지 않았다. 하지만 엄마는 돈을 버는 일보다 우리를 정서적으로 안정되게 키우는 것을 더 중요하게 여겼다. 새 학기가 되면 엄마는 국어 교과서를 함께 읽었고, 우리가 연산 학습지를 풀고 나면 채점해 줬다. 필요한 책이 없으면 아랫집에서 명작동화를 빌려 읽게 했고, 손에 과자를 쥐여 주며 친구와 어울리기 어려워하는 아이 집으로 먼저 다가가도록 용기를 주었다. 그러면서도 자신을 잃지 않으려 묵상하고 더 어려운 이웃을 위해 봉사하며 살았다. 결국 엄마는 가정을 돌보면서도 자신의 길을 찾아 나섰고, 나는 그런 엄마를 보며 주체적인 여성의 삶을 배워갔다.

엄마는 자신이 마주한 두려움도 자녀인 내게 솔직하게 고백했다. 초등학생 시절, 동네에서 또래를 자주 때리는 아이가 있었다. 당시 나와 비슷하게 소심했던 동생이 늘 맞다가 한번 덤볐다. 그 아이 얼굴에 상처가 났다. 아이 엄마가 우리 집으로 찾아와 약값을 내놓으라고 소리 질렀다. 한바탕 소동이 벌어진 뒤 불 꺼진 방에서 엄마가 우는 모습을 봤다. "엄마, 왜 울어요?", "응, 좀 속상해서. 또 이런 일이 있지 않기를 바라야지. 그래도 엄마는 네 동생이 자기를 방어할 줄 알아서 다행이라고 생각해."

그렇게 자란 나는 아이를 잘 키울 줄 알았다. 오산이었다. 절망스럽게도 엄마와 다른 내 모습을 마주했다. 아이들과 함께하는 시간이 행복하다가도 휴직으로 인해 경력이 단절되는 것 같아 초조했다. 때로는 아이들을 통제하고 싶었고, 오래 참지 못해 소리 지르며 억압하려 들었다. 엄마를 닮고 싶으면서도 그렇게 하지 못하는 나 자신이 싫었다. 자괴감이 들 무렵 엄마가 『단단해지는 시간』이라는 책을 건넸다. 처음엔 교과서 같은 엄마의 조언이 부담스러워서 읽기 싫었다. 그렇게 며칠이 지나고 문득 엄마가 내게 해준 말이 떠올랐다.

"너는 존재만으로도 귀한 사람이야."

그제야 책을 펼쳤다. 한 장씩 읽어가며 위기 속에서 무엇을 선택해야 할지 배워나갔다. 있는 그대로 나를 받아들이기 시작했다. 나는 더 이상 엄마의 그림자 속에 머무르지 않기로 했다. 내 안에 있는 고유한 '나'를 인정하기 시작하면서, 오래 묶여 있던 마음의 사슬이 풀려나갔다. 그리고 깨달았다. 내 아이들 역시 나와 같은, 소중하고도 독립적인 존재라는 사실을.

가족치료의 권위자인 버지니아 사티어는 『아이는 무엇으로 자라는가』에서 말했다.

"이 세상에 완벽한 부모는 없다. 중요한 건 좋은 부모가 되는 방향으로 끊임없이 나가야 한다는 사실이다. 오히려 자신의 위치를 솔직하게 인정한다면 당신에 대한 자녀의 신뢰가 높아질 것이다. 자녀들은 부모에게 완벽함이 아닌 진실함을 기대하기 때문이다."

엄마도 분명 화가 나고 속상하고 절망할 때가 있었을 터다. 마음의 평안을 잃지 않기 위해 끊임없이 내면을 단단히 다졌겠지. 이제야 그 비결을 조금씩 배워간다. 여전히 엄마 역할이 어렵고 낯설다. 친정엄마를 통해 꾸준히 짐작해 본다. 누군가의 엄마로 살아가는 삶이 얼마나 큰 행복인지 깨달아간다. 나의 한계만큼 아이와 엄마를 이해하고 사랑할 수 있겠지만.

(친애하고 친애하는 나의 순옥 씨께 이 글을 바칩니다.)

나이 들어간다는 것은, 부모가 지나온 길을 되짚어보는 일이기도 합니다. 그렇게 어른이 되어가며 나를 키워준 존재의 눈빛과 말투에 담긴 삶의 무게를 새롭게 이해하게 되지요. 마흔의 문턱에서 비로소 알게 된 진리. 부모와 나는 다른 인격체라는 사실입니다. 엄마도 완벽하지 않았고 나 역시 완벽하지 않지만, 서로를 향한 사랑은 완전하다는 걸 깨달았습니다. 부모와 자녀는 그렇게 서로의 삶을 비추는 거울이 됩니다. 우리가 걸어가는 길이 아이에게 빛이 되었으면 좋겠습니다.

더 빛날 당신을 위한 질문

Q. 당신은 지금 부모의 삶에서 어떤 빛과 그림자를 마주하고 있나요?

친정엄마의 편지

지혜야,

이 땅에 완전한 것은 아무것도 없단다.

이 세상 누구도 완전하지 않단다.

오직 주님만이 완전하시지.

나의 딸아,

연약하고 넘어지고 실수하는 삶이 반복될지라도

이 연약함을 다 아시는 주님께 내어놓고 맡기자.

그 은혜가 충만하게 우리에게 임하시면

완전하신 그분 안에 거하는 거란다.

존재만으로도 귀한 너를 사랑한다.

너를 이 세상에 보내주신 그분께 감사한다.

– 엄마가

✦ 2 ✦

흔들릴 때마다
책을 펼치다

  C.S. 루이스는 『책 읽는 삶』에서 말했다. 타인의 눈으로 새로운 세계를 보는 것이 '독서의 즐거움'이라고. 나는 타고난 독서가도 아니요, 매일 읽는 사람도 아니요, 지금도 초보 독서가의 티를 벗지 못했다. 20대엔 읽은 책 제목과 마음에 드는 문장을 수첩에 기록했었지만 첫째 아이를 낳고 나서는 그마저도 중단했다. 둘째 아이를 낳은 해부터 독서 기록 앱에 읽은 책 정보를 저장하기 시작했다. 온종일 아이와 붙어 있던 해엔 꾸역꾸역 20권을, 육아휴직 중엔 80권을 읽었다. 평균 일 년에 50권 이상 읽는다. 어떤 사람들은 권수를 세는 게 무슨 의미가 있냐고 말한다. 그들은 이미 읽는 행위 자체가 일상일 것이다. 타인의 텍스트에서 자신만의 의미를 찾는 훈련도 되어 있을 테니 그런 말을 할 수 있지 않을까. 어느 정도 읽는 것 자체가 익숙하고 편안해져야 비로소 문장과 행

간, 책 전체에서 주는 메시지를 찾고 자신만의 해석을 할 수 있으니까. 나는 읽은 책을 기록하면서 지구력이 생겨 꾸준히 읽어 갈 수 있었다. 내 삶에 있어 긍정적인 변화다. 또 내가 아직 초보 독서가인 건 편독하기 때문이다. 정치, 경제, 역사, 과학과 관련된 책들은 배경지식이 부족해서 아이들과 같이 읽어나가야만 한다. 아이들이 아니었다면 관심도 없었을 책들도 많다. 한 번 더 살아갈 기회를 얻은 것 같다. 그래도 역시나 내가 좋아하는 책을 읽는 게 먼저다. 읽지 않기를 택하기보다 무엇이든 읽기를 택한다면 어떤 영양분이라도 내 안에 남을 거라 기대한다.

책을 읽지 않으면 편할 때도 있다. 하지만 읽는 걸 멈추면 생각도 멈춘다. 남의 이야기가 불편하게 들릴 때 왜 그런지 내 속을 들여다볼 시도조차 멈춘다. 내 맘을 아무도 몰라주는 것 같을 때 책 속 문장 따위가 나를 구원할 수 있을 거라고 손톱만큼의 기대도 하지 않는다. 그 누구의 얘기도 듣지 않고 내 안의 소리에도 관심을 꺼버린다. 신기한 건, 그러다 보면 심심함을 넘어 외롭다. 그럴 때 다시 책을 펼친다. 즐거움으로 시간을 채우는 데 책만큼 좋은 게 없다. 나는 아이들만큼이나 만화를 좋아했던 사람이라 완결작 몇십 권을 며칠 내내 읽을 때 행복하다. 국내외 소설은 시대와 나라와 문화를 넘나들며 세상을 경험하게 해준다. 소설을 읽으면 다양한 군상을 만나고 다른 누군가로 잠깐 살아볼 수 있다. 사람을 조금 더 깊고 넓게 이해할 수 있다. 에세이는 내가 전혀 모르고 살던 저자의 삶을 통해 인생을 대하는 자세와 태도를 배울 수 있다. 마음에 파문이 인다. 대중서를 통해 사회를 보는 힘이 길러진다. 그림책이나 동화책을 읽으면 어린 나로 돌아가기도 하고, 청소년 문학은 아이와 대화의 창구가 된다.

가끔 책장에서 시집을 꺼내 든다. 도서관이나 서점에 가서 책 구경하다가 시를 한 편씩 읽고 돌아온다. 읽은 구절 중 반짝이는 말을 주머니에 넣고 싶다는 생각이 들면 집으로 데려온다. 조용히 혼자 있을 때 한 번씩 아무 데나 펼쳐서 읽기도 하고, 목차에서 눈에 들어오는 제목을 보고 그 시만 읽기도 한다. 나태주 시인의 시집 『마음이 살짝 기운다』의 「육아 퇴근」이라는 시가 있다. 아이들 재운 11시가 가까운 시간, 초보 엄마에게 말을 건넨다. 네 개의 연 중에 세 번째 연을 옮겨본다.

잘 자거라 잘 쉬거라
꿈속에서라도 혼자가 되어

훨훨 너의 동산에

맨발 벗고 뛰어놀고

하늘을 날아 구름도 되고

그러렴

이 구절이 내겐, 혼자인 시간을 꿈꾸는 게 아이에게 미안한 일이 아니라고 그러니 맨발로 뛰어놀고 하늘을 날며 구름도 되어보라고 힘을 실어주는 것만 같았다. 고마운 마음을 이루 말할 수 없다.

몇 년 전 도서관에서 제목만 보고 꺼내어 읽은 책 한 권의 첫 장이 4년이 지난 지금도 마음에 남아 있다. 윤혜린 작가의 『엄마의 책장』 속 한 문장이다.

"네가 아니었다면, 내가 나를 만날 수 있었을까."

이 문장을 바꾸자면 '너였기에 내가 나를 만날 수 있었다.'라는 말이다. 내가 나를 만나는 건 때로 두렵다. 아이를 탓했던 순간마다 내 밑바닥을 보게 되었지만, 마음속으로 깊이 들어갔다 온 만큼 한 걸음 더 아이에게 다가갈 수 있었던 건 분명하다. 엄마의 삶에 있어 아이는 필연적인 존재가 아닐까.

아이에게 많은 걸 채워 주려다 아이가 거부하면 어느 순간 괘씸하다고 느낀다. 순전히 내 욕심으로 아이의 시간과 공간을 채우고 있었다는 걸 빨리 깨닫고 돌이켜야 탈이 없다. 박노해 시인의 시집 『너의 하늘을 보아』에 수록된 「아이에겐 필요해」를 읽었을 때 내 육아가 얼마나 부질없는지 생각했다.

아이에겐 필요해

무조건 필요해

친구와

골방과

자연이

이미 자기 안에 필요한 걸 다 가지고 온 아이에게 그저 친구와 골방과 자연을 만나게 해주면 그만인 것을. 만나는 친구를 우려의 눈으로 지켜보고, 골방에는 책과 장난감으로 채워 넣고, 자연에 데려가도 뭐 하나 더 배우고 기억하라는 말을 덧붙인다. 내가 준 자유시간이 진정한 자유였는지 아이에게 물을 자신이 없어질 때마다 이 시집을 꺼낸다.

故 이어령 박사의 『이어령의 마지막 수업』은 다음 물음에

대답할 거리를 고민하게 해줬다.

'너 존재했어? 너답게 세상에 존재했어? 너만의 이야기로 존재했어?'

인생은 유한하고 그 끝이 언제일지 아무도 모른다. 나는 분명 존재한다. 그렇다면 나답게 존재하고 있나? 나다운 건 무엇일까? 나만의 이야기로 살고 있나? 해답이 필요할 때 책으로 돌아간다. 그리고 삶으로 다시 나온다. 활자로 용기 내어 쓰고 소리 내어 읽다 보면 나와 가족 그리고 이웃에게 한 번 더 따뜻한 눈빛을 줄 수 있지 않을까. 사랑을 알고 사랑받고 사랑하며 살고 싶다. 보고 만질 수 있는 다정한 무언가로 사랑을 전하고 싶다. 이 문장은 길을 잃은 것만 같을 때 내 안에서 한 번씩 들려온다.

책을 읽으면 나는 지금 여기에 있지만 여러 삶을 살 수 있다. 매일의 일상을 포함한 삶의 다양한 변곡점에서 만난 책과 문장은 쉬이 잊히지 않고 내 삶을 변화시킨다. 현실과 환상을 넘나드는 즐거움은 물론이고, 때로는 지친 삶에 위로와 용기를 준다. 교만한 내면을 일깨워주는 일침과 조언을 제공하며, 내적 동기와 의미를 찾게 한다. 오늘도 책 속 저자를 찾아간다. 그들과의 대화가 때로는 세상 어떤 이의 말보다 유익하다는 걸 경험했으니까.

우리는 누구나 인생의 어딘가에서 흔들립니다. 그럴 때 책은 조용히 손 내밀어 우리를 붙잡아 주곤 합니다. 때로는 나보다 먼저 삶을 살아낸 이들의 목소리를 통해, 때로는 한 줄 문장에서 건네는 다정한 위로를 통해 다시 중심을 잡을 수 있지요. 책을 읽는다는 것은 내면의 대화를 멈추지 않는다는 뜻이기도 합니다. 책장을 넘기며 내 마음의 결을 어루만져 준 순간처럼 오늘도 당신만의 이야기를 들려줄 책 한 권을 곁에 두시면 어떨까요?

더 빛날 당신을 위한 질문

Q. 당신은 언제, 어떤 책에서 자신과 타인과 세상을 다시 만난 적이 있나요?

⁺ 3 ⁺

내향인의 글쓰기,
블로그

  2018년 1월, 블로그를 시작했다. 20대엔 싸이월드 미니홈피에 대학 시절과 교회 활동을 기록했고, 결혼하면서 페이스북과 카카오 스토리에 아이가 커가는 모습을 저장했다. 하지만 점점 불특정 다수와 일상을 나누는 것이 부담스러워졌고, 빠르게 변화하는 SNS 환경에 지쳤다. 그때 블로그를 선택해 사소한 일상을 기록했다. 무엇보다 내가 표현하고 싶은 만큼만 공유할 수 있는 공간이라는 점이 편안했다. INFP. 내향적이지만 표현하고 싶은 욕구를 가진 나. 블로그는 내 밀실이자 세상과 연결된 광장이다. 그동안의 서사를 떠올려본다.

블로그의 시작

  닉네임 '지혜로운삶.' 고등학생 때부터 온라인에서 사용하던 애칭이다. 구체적인 정보를 넣은 이름으로 바꿀까도 생각해 봤지만 내 이름대로 지혜롭게 살고 싶어 지금까지 사용한다. 블로그 이름은 '너와 나와 우리'인데 블로그의 정체성을 나타내기에 추상적이라 브랜딩에 적합하진 않다. 그래도 '나'는 결국 '너'와 연결되어 있고 '우리'라는 이름으로 만나고 싶다는 바람이 있어 유지하고 있다. 소개 글은 '칭찬도 위로도 격려도 응원도 모두 모두 함께하는 삶'이라고 적어두었다. 솔직히 내가 받고 싶고 내게 필요한 말들이다. 글 안에서 나를 돌보며 칭찬하고 위로할 수 있었다. 격려의 말과 응원하는 마음이 나와 비슷한 처지에서 읽는 누군가에게 가닿기를 바라며.

나를 위한 글쓰기

내 블로그 포스팅의 상당수는 이웃을 위한 정보보다 나를 위한 글이다. 당연한 결과지만 조회수는 물론이고 이웃 수와 검색 유입이 적다. 어쩌면 내 글을 가장 많이 읽는 사람은 나일지도 모른다. 행복한 순간을 기억하고 싶어서 쓸 때도 있지만, 육아의 어려움으로 마음이 힘들 때나 내적 갈등이 있을 때도 기록했다. 글을 쓰면서 그 장면에서 한 걸음 뒤로 물러

나 나의 감정과 상태를 볼 수 있었다. 치유와 성찰이 이루어지는 시간이자 오롯이 나에게 집중하며 누리는 시간. 내 글에 공감하며 댓글을 다는 이웃이 생겼다. 연약한 한 사람이 조금씩 단단하게 성장하는 모습을 지켜봐 준 이웃도. 때론 나도 이웃 블로그의 글에 공감 버튼을 누르고 댓글을 달지만 내가 받은 공감과 댓글이 더 많아 빚진 마음을 안고 있다.

카테고리

휴직 후 일상의 조각이 흩어져 버리는 게 아까워서 일주일에 한두 번 아이와의 일상을 기록했다. 처음부터 정보나 브랜딩을 위해 만든 게 아니라 카테고리 분류 기준이 분명하지 않았다. 점차 글이 쌓여가면서 분류할 수 있었다. '살며'에는 내 일상을, '사랑하며'에는 아이가 자라는 모습을, '배우며'에는 책이나 연수 등을 통해 학습한 내용을 기록했다. '아이들과 책 읽어가며'에는 가정, 학교, 교회 아이들과 읽은 책들을 저장했고, '노래하며'에는 마음을 울렸던 노랫말과 단상을 적었다. '생각하고 깨달으며'에는 책을 읽고 난 뒤 깨달음이나 일상에서 성찰한 내용을 기록했다. 그 외에도 교실 일기, 여행, 신앙에 관한 카테고리도 만들었다. 일주일에 한두 번 글을 발행하다 보니 모든 카테고리에 고루 글이 쌓이지는 않는다. 그래도 십 년 넘게 지속하면 각 카테고리가 책 한 권 분량의 글감이 될 수 있지 않을까 기대해 본다.

이웃과의 소통

나는 오프라인에서도 누군가에게 먼저 연락을 자주 하는 사람은 아니다. 상대방을 진심으로 좋아하고 가끔 생각나면 안부를 묻고 싶은데도 선뜻 손가락이 움직이질 않는다. 반대로 먼저 연락이 오면 반갑고 만나서 보내는 시간도 재밌다. 상대방과 진솔하게 또 진심으로 그 시간을 함께한다. 블로그에서도 마찬가지다. 내 글에 댓글을 써준 이와 같은 콘텐츠나 일상으로 연결되어 있으면 답글 달 때 미소가 번진다. 같은 책을 읽었던 경험, 또래 자녀를 키우는 이야기, 관련 직종에 종사한다는 사실만으로도 보이지 않는 선으로 연결되어 있었던 것 같아 내적 친밀감을 느낀다. 내 일상이 누군가에게 작은 무엇이라도 도움이 되었다는 댓글을 보면 감사하는 마음이 솟구친다. 어떤 경로로든 이웃을 맺어준 인연들이 있어서 지속할 수 있었다. 느슨하지만 다정한 연대를 힘입어 앞으로도 글로 빚진 마음을 보답할 수 있었으면 좋겠다.

세상을 향해

블로그를 개설한 기간에 비해 게시물이 많은 편은 아니지만 꾸준히 일관성 있게 즐거운 마음으로 운영 중이다. 차곡차곡 글을 쌓아가면 내가 무엇을 좋아하는지, 어디에 관심을 가지고 시간을 사용하는지, 그동안 어떤 변화가 있었는지 알 수 있다. 몇 년 전 같은 날짜에 무엇을 하고 어떤 생각을 했는지 돌아보며 지금의 나를 살필 수도 있다. 육아 블로그로 시작했는데 아이들이 커가며 사진과 동영상 올릴 때 망설여진다. 이젠 아이도 "이거 블로그에 올릴 거예요? 확인해 볼래요. 얼굴은 모자이크해 주세요."라고 말해서 동의를 구한 뒤 올린다. 그래서 점차 콘텐츠의 중심이 '나'로 바뀌어 간다. 육아 동지 이웃들의 공감이나 댓글이 사라지고 있지만, 괜찮다. 내 이야기를 가치 있다고 여기며 기다려주는 이들이 존재한다는 사실을 씨앗 삼으려 한다. 좋은 글을 쓰겠다는 마음 밭 위에 이야기와 가치와 공감을 잘 키워가고 싶다. 나무는 자기를 위해서가 아니라 남을 위해 열매를 맺고 숨 쉬며 쉴 곳을 내어주니까.

'대단한 나'가 아닌 '평범한 나'를 만나는 시간. 이상과 현실의 괴리감에 몸부림쳤던 날들이 많았다. 그러나 블로그에 일상을 기록하면서 현실 속의 나를 만났고, 그런 나를 인정하고 위로하고 사랑할 수 있었다. 앞으로도 블로그 글쓰기와 함께 나를 기록하고 나를 사랑하는 방법을 배워갈 것이다. 기록을 통해 더 나은 나로 성장해 가길 기대한다.

글을 쓴다는 것은, 자신을 향해 손을 내미는 일입니다. 드러내 보일 수 있는 만큼 조심스럽게 나를 꺼내고 그 진심을 담은 언어가 닿을 누군가를 상상합니다. 세상에 내 이야기를 펼쳐놓는 일이 두렵기도 하지만 그 속에서 나 자신을 다시 사랑하게 됩니다. 매일의 평범한 기록이 모여 삶을 비추는 빛이 될 수 있습니다. 한 사람의 조용한 진심이 또 다른 누군가에게 울림이 될 수도 있고요. 우리는 모두, 자기만의 방식으로 세상과 연결되고 있으니까요.

더 빛날 당신을 위한 질문

Q. 당신은 어떤 방식으로 '지금의 나'를 기록하고 세상과 연결되어 있나요?

✦ 4 ✦

내 몸도
정비가 필요해

"엄마, 차가 흔들리는 것 같아요. 무서워요."

외출하려고 시동을 걸었는데 뭔가 이상했다. 출발하는 순간 바닥에서 바퀴가 떨어지며 쩍 소리가 났다. 브레이크를 밟을 때마다 윙윙거렸다. 핸들은 덜덜덜 떨렸다. 남편은 출근하고 아이들이 학교로 떠나자마자 정비소로 향했다. 정비사가 말했다.

"타이어 브레이크 디스크와 패드가 부식됐네요."

매일 운전하며 출퇴근하다가 휴직 후엔 일주일에 한두 번 차를 몰았다. 비 오는 날 운행 후 장기간 주차해 둔 것이 화근이었다. 바퀴 안쪽 디스크가 녹슬고 부식되면서 이런 문제가 생긴 거라고 했다. 차를 정비소에 맡기고 집에 어떻게 돌아갈지 고민했다. '버스 탈까? 걸을까?' 그냥 걷기로 했다.

1.5km 정도야 뭐, 문제없다. 이왕 걷는 김에 요즘 읽은 책 생각도 좀 해보자. '생애전환기'라는 개념이 떠올랐다. 신체 상태가 변화하는 시점 그러니까 마흔과 예순여섯을 기준으로 몸 관리를 철저히 해야 한다는 것. 자동차도 정비가 필요한데 100년 가까이 살아야 할 내 몸은 더 말해 뭐하겠나.

아이 둘 낳고 체력과 소화력이 낮아지는 걸 느꼈다. 마흔이 되니 신진대사, 혈액순환, 면역력까지 종합 질병 세트처럼 변화가 찾아왔다. '이 몸뚱이로 그동안 어떻게 버텼지?' 달릴 때 숨이 턱 끝까지 차올라도 살아 있다는 게 얼마나 감격스러운 일인가.

가정의학과 전문의 서정아는 『어쩌다 마흔, 이제부턴 체력 싸움이다!』에서 이렇게 말한다.

> "마흔 이후에 반드시 운동해야 하는 이유는 차고 넘친다. 근력 저하는 물론이고, 호르몬 균형을 맞추고, 나잇살을 방지하며, 면역력을 키우기 위해서도 필수다."

요약하자면 운동 안 하면 골절, 비만, 면역력 저하, 신진대사 저하를 비롯한 다양한 질병이 따라온다는 뜻이다. 운동은 이제 의무다. 그렇지만 무턱대고 아무 운동이나 하면 안 된다. 현재 몸 상태 파악이 우선이며 목표를 설정하고 적절한 운동을 선택한 뒤 실천해야 한다. 식습관 관리도 필수다. 차를 찾으러 갈 때도 걸었다. 지나가던 동네 카페에서 풍겨 오는 커피와 빵 냄새에 이끌려 브런치를 먹을 뻔했지만, 냉장고에서 몇 날 며칠 잠자고 있던 채소들을 꺼내 먹었다. 기특해, 나 자신.

그날 저녁 남편이 한마디 했다.

"지혜야, 놀라지 마. 있잖아, 다리가 굵어졌어."

눈치라고는 손톱만큼도 없는 사람. 하지만 예전처럼 발끈하지 않았다. 오히려 안심됐다. 다리에 근육이 붙었단 뜻이니까. 20대에 미니스커트를 즐겨 입었어도 몸은 비실거렸고, 30대엔 육아와 직장 생활에 치여 운동할 겨를이 없었다. 30대 중반부터 필라테스와 요가, 스쿼, 만 보 걷기 등을 했지만, 30대 후반 한 번 발을 접질린 이후 운동을 쉬었다. 체력과 면역력이 급격히 떨어지면서 몸져눕는 날도 많았다.

그러다 휴직과 함께 십 년 만에 헬스장에 등록하고 주 5회씩 최소 1시간 동안 운동했다. 한 달이 지났을 즈음 솔직히 말해 엄청난 변화를 느끼진 못했다. 오히려 피곤해서 낮잠을 자는 날도 많고 허기져서 밥을 더 먹었으니까. 그런데 분명 달라진 점이 있었다. '움직일 수 있는 몸이 됐다.'라는 느낌. 팔과 다리에서 근육이 깨어나는 느낌. 더 놀라운 건 반 평발이라 오래 걷기도 힘들어했는데, 어느 날 러닝머신에서 달리기 시작했다. 심지어 운동을 마치고 나서도 아파트 단지를 뛰었다. 그것도 신나게. 물론 2km 정도지만 '나도 뛸 수 있다.'라는 자아효능감이 생겼다.

이영미 작가는 『마녀체력』에서 말한다.
"달리기는 어른, 여성, 엄마의 틀 안에 가둬 놓았던 내 몸을 자유롭게 풀어놓는 독립 선언이었다."
이 문장을 읽는 순간 단순히 건강을 위한 운동이 아니라 '내 몸을 누구보다 소중히 여기고 관리해야 한다.'라는 의미로 다가왔다. 즉시 마라톤 5km 코스에 도전했다. 저질 체력과 저혈압을 극복하고 완주할 수 있을까?

봄엔 인천 영종도에서, 가을엔 여의도 빌딩 숲 사이를 달렸다. 내가 그동안 40분 동안 쉬지 않고 달린 적이 있었나. 이제야 운동으로 흐르는 땀을 느끼다니. 이 벅찬 감동을 뭐라 콕 찍어 말할 수 없다. 혼자 달리기와 달리 마라톤의 매력은 무리 속의 한 사람이 되어 끝까지 완주할 힘을 얻는다는 점이다. 한 번도 본 적 없는 수많은 사람과 하나가 된다. 앞으로도 매년 네 번은 참가할 예정이다. 철인 3종 경기에는 명함 내밀지 못할지언정 오늘도 별일 없이 달릴 수 있음에 감사하다.

차의 부품도 시간이 지나면 녹슬고 닳는다. 몸도 마찬가지다. 정기적인 관리와 관심, 작은 실천 하나하나가 몸을 되살린다. 고가의 치료비보다 예방을 위한 적은 관리비가 훨씬 경제적이다. 지금 내가 하는 운동과 식습관 개선은 미래의 나에게 보내는 선물이다. 이 생애전환기를 통해 마흔 이후의 삶을 더욱 활기차고 우아하게 보내기로 다짐했다. 내 몸은 지금까지, 여전히, 앞으로도 소중하니까.

(이 글을 쓰느라 두 시간 지났다. 이제 달리러 나간다!)

몸은 마음보다 더 솔직하게 나의 상태를 드러냅니다. 무시하고 달려온 시간만큼 어딘가에서 신호를 보내고 있을 거예요. 우리는 대단한 운동선수가 아니어도 오늘 하루 조금 더 걷고, 조금 더 움직이며 '살아 있는 나'를 느낄 수 있습니다. 정비되지 않은 자동차가 위험하듯 돌보지 않은 몸은 언젠가 삶의 속도를 멈추게 합니다. 매일 시간을 내어 실천하는 작은 행동이 내일의 활력 있는 삶을 만든다는 것을 오늘도 몸으로 배우고 있습니다.

더 빛날 당신을 위한 질문

Q. 당신은 몸이 보내는 신호에 얼마나 귀 기울이고 있으며, 소중한 몸을 위해 무엇을 실천하고 있나요?

✦ 5 ✦

휴직,
나만의 월든

 어릴 적부터 살아온 집을 떠올려봤다. 다세대 주택, 빌라, 복도식 아파트를 거쳐 지금 사는 아파트에 이르렀다. 점점 더 좋은 환경으로 옮겨왔지만, 청약 당첨으로 신도시에 정착한 친구들의 이야기를 들으면 가끔은 부러움이 일었다. 휴직하면서 집과 삶의 방식을 고민하던 어느 날, 한 권의 책을 펼쳤다. 6개월 넘게 천천히 읽어 내려간 헨리 데이비드 소로의 『월든』. 소로는 월든 호숫가에서 통나무집을 짓고 2년간 머물며 자연과 조화를 이루는 삶을 실험했다. 그는 "천국은 우리의 머리 위에만 있는 것이 아니라 우리의 발밑에도 있다."라고 말했다. 과연 나도 내 삶에서 월든을 찾을 수 있을까?

 내 인생 마지막 육아휴직인 2024년. 무급 휴직이라서 최대한 아껴 쓰며 생활해야겠다 마음먹었지만, 커피 한 잔 사마시는 것까지 남편의 눈치를 보고 싶지 않았다. 평일 저녁은 최대한 재료를 손질해서 식사를 준비해도, 주말이나 방학 동안 매일 세 끼를 요리하는 건 부담이라 외식하거나 배달 음식도 주문했다. 매달 생활비를 남편에게 받았다. 일할 때보다 계획적으로 사용했다. 우리는 양가의 도움을 하나도 받지 않고 수도권의 전셋집에서 신혼살림을 시작했다. 청약은 타이밍이 맞지 않아 아파트를 담보로 대출받아 지금 사는 집을 매매했다. 때로는 대출금을 갚으면서 아파트에 사는 게 맞는지 생각한다. 맞벌이여서 가능한 일이었다. 소유 가치와 존재 가치 사이에 머물며 생각에 잠겼다. 소유한 것을 보여주기보다 소박하고 성실하게 사는 일상. 육체뿐 아니라 정신적인 자양분을 흡수하는 행위. 월든 호숫가에 살았던 헨리 데이비드 소로 비슷하게라도 한번 살아볼까?

숲 생활

숲에 들어가 살 수는 없으니 도시 속 자연을 찾으려고 노력했다. 집에서 키우는 식물에 물 한 번 더 주고, 시시때때로 바뀌는 날씨와 계절의 변화를 느끼고 싶어 동네를 걸으며 나무들을 관찰했다. 벚나무길과 은행나무길이 규칙적으로 이루어진 사거리를 이제야 발견했다. 놀이터 옆을 둘러싼 수국이 아이들의 웃음만큼 밝고 아름다운지 미처 몰랐다(창피한 얘기지만, 꽃피기 전에는 깻잎인 줄 알았다). 동네 뒷산 올라가는 길목의 작은 공원을 잠깐씩 걷고 흙길을 밟았다. 바람에 나부끼는 나뭇잎 소리, 까치를 비롯한 새 지저귀는 소리를 들었다. 계절이 바뀌어 매미 소리가 잦아들고 나면 귀뚜라미가 우는 날들이 시작됐다. 도심의 소리가 잦아드는 저녁부터 다음 날 이른 아침까지 자연의 소리로 충만했다. 딱 몇 주만 맡을 수 있는 아카시아 향의 황홀함까지. 자연은 언제나 나보다 크고 다채롭지만, 욕심이 없다. 흔들림 없이 제 삶을 사는 자연은 그 자체로 축복이다. 제철의 축복을 나눠 가지고 싶어 조금 더 부지런한 동네 여행자가 되기로 했다.

집

몸과 마음이 따뜻하게 유지될 수 있는 공간 이상으로 물질적 가치에 우선순위를 두고 살진 않았나 돌아봤다. 구도심에 살며 아쉬운 부분들이 생길 때마다 신도시로 이사 가고 싶었다. 그러나 매일 밤 잠들기 전 아이들과 '계절에 맞게 입을 옷과 일용할 양식과 편안히 잘 수 있는 집을 주셔서 감사합니다.'라고 기도하고 나면 더 바랄 게 없어진다. 하루 동안 물질적인 것을 욕망했더라도 주택을 소유하는 것을 넘어 더 많은 것을 가지는 것이 인생의 목적이 아님을 깨닫는다. 사람 마음은 참 간사하다. 더 적은 것으로 만족하는 비결은 굳이 배우려고 하지 않으려 한다. 내가 누리는 것을 하나씩 세어보고 감사하면 삶은 분명 축복이라는 걸 다시금 깨닫는다. 내 시선을 보다 큰 가치에 두는 의식을 치르지 않았다면 자주 물질의 바다 위에서 표류했을지도 모른다.

노동의 가치

부모님이 일하며 번 돈으로 나를 키우셨다. 아버지는 불편한 손으로 넥타이를 재단했고, 포도 농사도 지었고, 일흔이 된 지금까지 생계를 위해 일하신다. 그 삶이 내 인생 곳곳 스며들었다. 땀 흘리는 노동의 가치가 얼마나 숭고한지 배웠음은 물론이다. 내가 받은 유산이 있다면, 차별과 제한된 환경 속에서도 자신을 잃지 않고 묵묵히 자기가 선 땅을 일구어가는 삶의 태도가 아닐까. 나와 남편도 몸이 건강할 때까지 일할 예정이다. 투자에 관해 하나도 관심 없다고 말하면 거짓말이겠다. 다만 젊은 날에 땀 흘리며 얻는 수고로운 경험 없이 경제적 여유를 꿈꾸지 않는다. 자녀들에게도 '놀듯이 보내거나' 또는 '공부만 하지' 말고, 진지하게 '살아'보라고 권하고 싶다. 부모인 우리 삶의 태도 먼저 진지해야겠지만.

고독한 시간

조용히 집에 있으면 마음의 만족을 찾으려는 한편, 본능적으로 즐거움을 느낄 수 있는 것들도 눈에 들어온다. 거대한 두려움보다는 오히려 사소한 두려움에 일상이 무너지고, 무분별한 쾌락보다는 사소한 쾌락에 신념이 흔들리기 쉽다. 혼자인 시간 동안 작은 유혹과 두려움을 마주했다. 아이들이 학교에 간 오후. 커피를 내리고 책상 앞에 앉았다. 책을 펼쳤지만, 눈에 들어오지 않았다. 스마트폰을 집어 들고 한참 영상을 보다 보니 한두 시간이 훌쩍 지났다. 좀 놀 수도 있지, 딱 10분만, 하고 유혹을 받아들이면 후회가 뒤따른다. 하루 이틀에 끝나지 않으니 '나는 왜 이렇게 의지가 약할까?' 하고 무기력해지기도 했다. 밖에서 아이 우는 소리가 들리면 '혹시 우리 아이인가?' 하고 괜히 불안해졌다. 출장 간 남편과 연락이 잘되지 않을 때도 마찬가지다. 별일 아닐 거라 믿지만, 고독 속에서 사소한 두려움은 종종 내 일상을 흔든다. 그럴 때마다 나는 소로가 말했던 '단순하게 살라'는 말을 떠올린다. 스마트폰을 내려놓고 창밖을 바라본다. 흔들리는 나뭇잎 소리, 먼 산의 윤곽, 오후 햇살이 벽을 타고 흘러내리는 모습을 가만히 바라본다. 그렇게 사소한 두려움이나 쾌락에 흔들리지 않기 위해 잠깐이라도 멈춘다. 서두르지 않고 차근차근. 고독 속에서 내 감정을 인식하고 다독인다.

"하루는 1년의 축소판이다. 각자는 자기 삶에 충실하며 고유한 인간이 되도록 노력해야 한다."『월든』속 이 문장이 오늘도 내 안에서 들려온다. 다시 일터로 나가더라도 나만의 월든을 잊지 않을 것이다. 군중 속에서도 바쁜 일상에서도 내면의 고요를 찾으며 자연스럽게 살아가고 싶다. 오늘도 나는 내 삶의 월든에 머문다.

누구나 바쁘고 복잡한 일상에서 가끔은 '잠깐 멈추는 삶'을 꿈꿉니다. 그 멈춤이 나를 돌아보게 하고, 지금 누리는 것들에 감사하게 하며, 물질보다 관계와 내면의 평화를 중시하는 삶으로 초대합니다. 꼭 숲속 오두막에 가지 않아도 괜찮습니다. 도시나 일상에서도 각자의 월든은 존재할 수 있으니까요. 중요한 건 외적인 환경이 아니라 삶을 대하는 우리의 태도입니다. 나는 지금 어디에 머물고 있으며, 어떻게 살아가는가. 그렇게 묻는 순간, 당신은 이미 월든을 향해 걷고 있다는 사실을 기억하세요.

더 빛날 당신을 위한 질문

Q. 당신에게 '나만의 월든'은 어디이며, 어떤 모습으로 존재하고 있나요?

6

상처 입은
치유자

 사람이 사람에게 기적이 될 수 있을까? 상처받은 영혼은 무엇으로 구원받을 수 있을까?

 6년 전, 나는 처음으로 개인 상담실 문을 두드렸다. 결혼 전 대학원 다니며 상담을 공부하면서도 정작 개인 상담을 받아본 적은 한 번도 없었다. 반쪽짜리 공부였다는 생각이 나를 더 궁지로 몰았다. 상담 초반 원장은 자기 이야기를 먼저 꺼냈다. 원래 유명 학군지의 중학교 교사였던 그녀는, 학업에 몰두하던 자녀와의 관계가 점점 어긋났고, 이를 해결하기 위해 찾은 가족 상담 연구소에서 12주 세미나를 수강했다고 했다. 그 경험이 삶을 바꿨고 교단을 떠나 상담자가 되었다고 말했다. 그녀는 내 이야기를 귀 기울여 들었고 상담실까지 찾아온 내 용기와 노력을 진심으로 칭찬해 주었다. 매 상담이 끝날 무렵, 원장은 내게 자주 물었다.

"그 순간에 어떻게 참을 수 있었어요? 어떻게 그런 행동을 할 수 있었어요?"

내 안에 이미 힘과 능력을 지녔다는 사실을 깨닫게 하려는 의도였으리라. 그녀가 가끔 자신의 이야기를 들려줄 때마다 나는 묘한 위로와 연대감을 느꼈다. 똑같은 상처가 아니더라도 아픔을 아는 사람만이 전해줄 수 있는 온기가 있었다. 치유자는 상처 없는 사람이 아니라 자신의 상처를 직면하고 수용할 수 있는 용기를 가진 사람이다. 상처 속에 머물기보다 배우고 성장하려고 애쓴다.

상담자와 내담자 사이에서도 '자기 개방'은 신뢰를 만드는 중요한 통로다. 하지만 그 개방이 지나치면 때로는 상대에게 부담이 되고, 약점으로 작용할 수도 있다. 그래서 균형이 필요하다. 블로그에 상담 내용을 기록할 때도 균형을 고민했다. 전체 공개 대신 이웃 공개를 선택했던 이유도 그 때문이다. 나 역시 약한 면을 드러내고 싶지 않았다. 타인의 시선이 신경 쓰였고, 부정적인 평가가 두려웠다. 하지만 나를 개방하는 용기는 결국 두려움 속에서도 자유로워지는 유일한 길이었다. 내 삶의 조각들을 글로 풀어내며 절망 대신 희망을,

분열 대신 일치를, 미움이 아닌 사랑을 이야기하고 싶었다.

상담받던 그해, 일터에서도 좋은 동료들을 만났다. 그들은 내가 가족 문제로 상담받는다는 사실을 알고 있었고, 자연스레 각자 개인적인 이야기들을 털어놓았다. 40대 선배 교사는 자신도 비슷한 일을 겪었다며 깊이 공감해 주었다. 20대 후반의 후배 교사는 동생이 자주 경기를 일으켜 가족 모두가 마음 졸이며 살았던 이야기를 들려주었다. 한 신규 교사는 자신이 워낙 예민해 부모님이 힘들게 키웠다고 고백했다. 동료들의 공감과 위로, 격려가 내 마음 밭에 씨앗처럼 뿌려졌다.

헨리 나우웬은 『상처 입은 치유자』에서 다음과 같이 말했다.
"우리가 상처 입은 치유자가 되기 위해서는 환대의 태도가 필요하다."

처음 방문한 낯선 공간에서 누군가 따뜻하게 맞아주던 순간들을 기억하며, 내가 근무하는 학교에서도 나는 자주 '환대'한다. 교사로서 나는 매년 새로운 부모들을 만난다. 입학 전 상담을 위해 찾아오는 양육자 중에는 더 이상 상처받고 싶지 않다는 듯 가시 돋친 말과 태도를 보이는 사람도 있다. 불안함이 커서 교사를 시험한다. 나도 가끔은 두렵다. 하지만 이제는 그들 마음속 두려움을 먼저 헤아릴 수 있게 되었다. 불안이 양육자를 어떻게 몰아가는지 내 안의 상처가 알려주었기 때문이다.

책 속 또 다른 문장처럼, '자신의 중심에서 삶의 닻을 내릴 수 있는 안정된 장소를 발견했을 때' 우리는 진정으로 타인을 환대할 수 있다. 내면을 마주하는 일은 두렵다. 존재 의미를 발견하는 과정은 죽기 전까지 계속 배워야 할 우리 모두의 과업이다. 내 존재 의미를 깨달을 때 비로소 우리는 예상치 못한 방문자가 두려움 없이 머물 수 있는 공간을 마련할 수 있다. 상담을 마치고 돌아와 혼자 있을 때 그 적막 속에서 나를 마주했다. 보고 싶지 않은 내 약함과 한계, 듣고 싶지 않은 내 안의 부정적인 목소리. 바로 그곳에서 나를 붙들어 주는 존재가 있었다. 신앙의 안정감과 가족 덕분에 나는 내 자리에서 다시 사람들을 환대할 수 있었다.

몇 년 전, 첫째 아이가 피아노 학원에서 돌아오자마자 문을 닫고 울었다. 콩쿠르를 앞두고 정말 열심히 연습하던 때라 내 가슴도 조마조마했다. 선생님께 혼났다고 했다. 셈여림이 극적으로 표현되지 않는다고 지적받았다며 서럽게 흐느꼈다. 아이의 울음소리를 들으며 문득 내 어린 시절이 떠올랐다. 초등학교 1학년 때 노래 대회에 나갔다가 고음에서 말 그대로 음이 이탈해 버렸다. 너무 창피해 숨고 싶었다. 6학년 때는 학교 대표로 피아노 콩쿠르에 나갔는데 곡 수준이 너무 차이 나 얼굴이 화끈거렸다. 예술중학교 입학을 준비하는 아이들 대화에 낄 수 없었던 이유다. 아이 등을 토닥이며 말했다.

"엄마도 그랬어. 잘하려고 노력해도 안 되는 날이 있지. 그런데 네가 오늘 울 수 있었던 건 잘하고 싶다는 마음이 있었기 때문이야. 그 마음은 누구보다 크단다."

상처 입은 사람은 다른 사람의 상처가 보인다. 완벽한 어른은 아니지만 내가 겪었던 두려움과 아픔 덕분에 아이의 눈물을 이해한다. 언젠가 내 아이도 누군가의 눈물을 마주했을 때, 이렇게 말해줄 수 있기를.

"나도 그런 적 있었어. 다시 조금씩 같이 해보자."

상처 입은 치유자가 되기 위해서는 자기희생이 반복되지 않도록 자신을 먼저 돌봐야 한다. 치유자로 살아가는 길에서 자기 돌봄은 결코 이기적인 선택이 아니다. 오히려 타인을 돕기 위해 필요하다. 책임감이라는 이름으로 모든 짐을 홀로 떠안으려 하지 않아야 하며, 때로는 전문가의 도움을 받아야 한다. 그래야만 내 마음이 고갈되지 않고, 여전히 내 중심에

닻을 내릴 수 있다.

  우리는 누구도 상처받지 않고 살아갈 수 없다. 사람이 사람에게 치유자 혹은 구원자가 될 수 있을까? 어쩌면 그것은 무리한 기대일지 모른다. 하지만 우리가 조금 더 마음을 열고 환대할 수 있다면, 설령 환대가 내 상처에서 비롯되었다고 할지라도 새로운 치유의 시작이 될 수 있다. 우리 가족이 건강한 관계를 만들어 가는 과정 역시, 언젠가 다른 이들에게 흘러갈 수 있으리라. 나는 상처받기만 하는 존재가 아니다. 나 또한 누군가에게 상처를 줄 수 있는 사람이다. 그래서 상대방을 기대하기보다 내 마음에 기대는 편이 낫다.

  내 삶의 작고도 큰 소망을 이 한마디에 담는다.
"상처 입은 치유자, 그 길 위에 서고 싶다."

우리는 누구나 상처받으며 살아갑니다. 하지만 그 상처가 끝없는 아픔으로 남지 않도록 나를 돌보아야 합니다. 내 마음을 먼저 돌보는 일은 이기적인 행위가 아니라 타인을 더 깊이 이해하고 진심으로 환대하는 힘의 원천입니다. 상처를 감춘 채 괜찮은 척 애쓰지 않기를 바랍니다. 솔직하게 드러내고 때로는 도움을 구하며 균형을 찾는 여정이 우리를 더욱 단단하게 만드니까요. 상처 입은 치유자는 완벽하지 않습니다. 상처의 흔적은 누군가를 치유하는 씨앗이 될 수 있습니다.

더 빛날 당신을 위한 질문

Q. 당신은 상처를 어떻게 마주하고 있나요? 그 경험이 누군가에게 치유의 씨앗이 된 적이 있었나요?

✧ 7 ✧

외로움을
홀로움으로

  남편은 21년째 무역회사에 다니고 있다. 지금까지 50개국 이상의 나라를 방문했다. 300회 이상 비행기를 탔고, 일 년에 평균 10회 출장길에 오른다. 얼마간은 그의 삶을 동경했다. 그런데 결혼하고 얼마 지나지 않아 상황이 달라졌다. 출장에서 돌아와도 사무실에 있을 때도 밤 10시가 되어서야 집에 들어왔다. 맞벌이였지만 집안일과 육아는 온전히 내 몫이었다. 결혼한 다음 해 추석 명절도 남편은 출장 중이었다. 태어난 지 몇 달 되지 않은 아이와 시댁에 가서 식사하고 설거지까지 끝낸 뒤, 집에 돌아왔을 때 밀려드는 공허함이란 이루 말할 수 없었다. 혼자서도 나름 잘 해낸 것 같아 뿌듯하기도 했지만, 창밖을 보며 뜨거운 눈물이 흘렀다. 혼자인 시간이 길어질수록 내 안의 감정도 쌓여갔다. 집은 나 혼자 지키는 공간이 됐다.

워킹맘으로 버거웠던 시절에도 내 하루는 남을 위한 시간으로 가득 차 있었다. 집에서는 남편과 아이를 위해, 학교에서는 학생을 위해, 주말에는 시댁과 교회를 위해 시간을 보냈다. 정작 내 시간은 없었다. 나는 쓰러지듯 눕고, 울컥하며 깨어났다. 나를 돌보지 않으면 누구도 돌볼 수 없다는 사실을 뼈저리게 느꼈다. 마침내 용기 내어 '혼자인 시간'을 선택했다. 그건 나를 잃지 않기 위한 가장 조용한 저항이자, 가장 단단한 회복의 시작이었다.

황동규 시인은 아버지를 떠나보낸 후 쓴 「홀로움은 환해진 외로움이니」를 통해 외로움을 선택하고 홀로 환해진 외로움을 '홀로움'이라고 표현했다. 그 미묘한 빛을 발견한 순간부터였다. 나는 혼자인 시간을 더 이상 외로움이 아닌, 나를 만나고 돌보며 환해지는 시간으로 받아들이기 시작했다. 시간은 누구에게나 공평하게 주어진다. 하지만 우리가 그 시간을 어떻게 채우느냐에 따라 삶의 결은 전혀 달라진다. 그리스 신화 속 시간의 신, 크로노스와 카이로스를 아는가. 크로노스가 단순한 물리적 흐름이라면 카이로스는 의미와 기회를 머금은 '순간'이다. 나는 루틴과 리추얼을 통해 크로노스 속에서 카이로스를 찾았다.

"아침을 정신없이 보내는 것과 나만의 루틴에 따라 움직이는 것은 다르다. 루틴이 있으면 꼭 해야 할 행동만 할 수 있어 시간을 낭비하지 않는다. 고민하고 선택하느라 에너지를 크게 쓰지 않는다. 이런 루틴의 핵심은 생각 없이 몸이 움직이도록 만드는 것이다. 그러기 위해서는 작은 행동 하나부터 습관으로 만드는 게 좋다."

- 지에스더, 『남다른 방구석, 엄마의 새벽 4시』

번 아웃의 알고리즘에서 벗어나기 위해 처음으로 한 일은, 혼자 보낼 시간을 확보하고 '루틴'을 만드는 것이었다. 아이를 낳기 일주일 전까지 일했고, 아이를 낳고 집에 머무는 동안은 어떻게 시간을 보내야 할지 몰랐다. 루틴이 없던 시절 몸과 마음이 무거웠다. 그러다 결심했다.

'더 이상 다른 사람의 일정에 나를 맞추지 말자. 내가 하고 싶은 일을 잠깐이라도 해보자.'

그렇게 내 루틴을 시작했다. 처음엔 딱 하나, 둘째 아이가 낮잠 잘 시간에 유모차 태워 동네 산책했다. 아이가 잠들면 곧장 카페로 들어가 책을 읽었다. 그 한두 시간을 지켜낸 경험은 복직하고 더 바쁜 상황에도 이어졌다. 출근 전 가족과 포옹하며 인사했고, 일터로 향하는 길 위에서는 찬양과 말씀으로 마음을 무장했다. 퇴근 후에는 짧게라도 운동하고 책을 읽고, 감사 기도하며 잠들었다. 마지막 휴직 중에는 루틴을 유지하는 데 훨씬 수월했다. 군중 속에 머물다 다시 고독 속으로 돌아올 때, 그 고독이 더는 외롭거나 두렵지 않다는 사실도 깨달았다. 일주일에 두 번 이상 약속을 잡지 않기로 한 것도 내 루틴 중 하나였다. 이 모든 일상이 쌓여 '내가 사랑하는 시간'이 되었다.

하지만 반복되는 루틴만으로는 부족했다. 루틴의 틈 사이 마음의 중심을 잡아주는 '리추얼'이 필요했다. 리추얼은 단순한 습관이 아니라 내면의 질서를 세우는 작은 의식이다. 이 과정을 위해서는 먼저 나 자신을 알아야 했다. 무엇을 할 때 가장 편안한지, 어떤 시간이 가장 나다운지를 탐색하며 나만의 리추얼을 하나하나 만들었다.

하나는 아침에 눈을 뜨자마자 10초 동안 기지개를 켜는 일이다. 손끝, 발끝, 정수리 끝까지 몸을 느끼며 살아 있음에 감사했다. 반대로 잠들기 전에는 조용히 심호흡하며 몸의 긴장을 풀어냈다. 짧은 시간 호흡만으로도 마음은 한층 부드러워졌다.

또 하나는 내 이름을 직접 불러주는 일이다. 친정 부모님과 남편은 여전히 나를 이름으로 부른다. 그때마다 나는 누구 엄마, 선생님, 집사님이 아닌 나 자신으로 존재함을 느낀다. 그래서 나도 이름을 불러주기로 했다. 거울을 보며 "지혜야." 하고 부르면, 자연스레 애썼어, 잘하고 있어, 수고 많았어, 괜찮아, 사랑해 같은 긍정의 말을 나에게 건넬 수 있었다.

마지막으로 타인을 위해 기도하는 시간이다. 누군가에게 "기도할게."라고 해놓고도 잊어버려 마음이 무거웠던 적이 많았다. 그래서 메시지나 말로 누군가를 위해 기도하겠다고 말한 순간, 곧바로 짧은 기도를 올렸다. 일상에서 문득 떠오르는 사람을 위해서도 마찬가지다. 쓰러지듯 잠드는 날만 아니면 위로와 격려가 필요한 이들을 떠올리며 짧게라도 기도했다. 타인을 위한 기도는 결국 내 마음의 그릇을 넓히고 나에게도 큰 위로로 돌아온다는 걸 경험했다.

몇 년의 시행착오 끝에 지금은 자연스레 루틴을 통해 시간을 설계하고, 리추얼로 삶의 중심을 잡는다. 혼자인 시간은 충전의 시간이며 가족과 이웃을 더 따뜻하게 마주할 힘이 된다. 아이들은 언젠가 독립한다. 남편도 평생 내 곁에 머문다고 단정할 수 없다. 결국 끝까지 함께할 수 있는 사람은 나 자신이다. 이 모든 루틴과 리추얼은 결국 '홀로 있음'을 두렵지 않게 만들어주었다. 오히려 고요한 홀로움 속에서 나는 나를 다시 만났다. 그 순간들 속에서 나는 분명 빛나고 있었다.

삶은 매일 선택의 연속이다. 그 선택은 나를 어디론가 데려가고 반복되는 선택들은 삶의 결을 만든다. 오늘도 나는 혼자인 시간을 통해 내면을 들여다보고 하루의 조각들을 소중히 기록한다. 외로움은 홀로움으로 환해질 수 있다.

> 혼자인 시간이 때로는 외로움이라는 이름으로 다가오지만, 그 시간을 어떻게 바라보고 채우느냐에 따라 전혀 다른 삶의 풍경이 펼쳐집니다. 홀로 있는 시간은 단절이 아닌, 나 자신과 다시 연결되는 커한 기회가 될 수 있지요. 타인의 일정에 끌려다니던 나를 잠시 멈추고, 고요히 나의 중심을 세울 때 비로소 우리는 진짜 나로 살아갈 수 있습니다. 혼자 있어도 외롭지 않은 사람이 될 때 결국 함께에서 더 온전해질 수 있습니다. 고요한 홀로움은 삶의 진짜 중심으로 우리를 이끄니까요.

더 빛날 당신을 위한 질문

Q. 당신은 혼자인 시간을 어떻게 보내고 있나요? 루틴과 리추얼을 통해 '진짜 나'와 만나고 있나요?

Chapter 3

아이와 나를
동시에 사랑하다

✦ 1 ✦

지금 필요한 건,
단 한 줄의 따뜻함

첫째 아이 여섯 살, 둘째 아이 세 살이던 겨울의 일이다.

"엄마가 몇 번을 말해야 알아듣겠니? 왜 자꾸 엄마를 화나게 하는 거야?"

나도 처음부터 이렇게 말했던 건 아니다. 아이 키우기 전에는 누군가를 향해 이렇게 소리칠 일 없었다. 학생들을 단호하게 훈육했어도 감정적으로 대하진 않았다. 아이에게 세상 무엇보다 소중하다고 말해놓고 화가 나면 감정 조절 못하고 원인을 아이에게 돌렸다. 그 결과 불안이 높았던 첫째 아이는 야뇨증까지 생겼다. 마음이 무너져 내렸다. 출근 준비로 분주한데 이불을 빨아야 하는 건 여간 힘든 일이 아니었다. 무엇부터 다시 시작해야 할지 고민이 깊었다. 상담센터에 찾아가기 전에 내가 할 수 있는 최선을 다해보고 싶었다. 매일 눈물로 기도하다가 작은 행동 하나씩 시작해 보기로 마음먹었다. 아이의 정서적 안정감과 자존감을 높여주고자 하는 간절한 의지를 행동으로 표현하고 싶었다.

마침 2학기 말 동료들과 교사 연구실을 정리하면서 언어폭력 예방캠페인 교육 자료를 발견했다. 제목은 '내 친구를 지키는 한마디'였다. 학기 중에 교육하고 몇 개 남아 있었는데 필요 없으면 버린다고 하기에 얼른 챙겼다. 다음 학기 학급 운영에 활용하려고 챙긴 건데, 방학 동안 먼저 시도해 보면 좋을 것 같아 한 세트를 집으로 가져왔다. 투명한 봉지에 30일 동안 칭찬 한마디씩 적어서 붙이는 종이판과 포스트잇이 들어 있었다. 솔직히 말해 종이판과 포스트잇은 마음만 먹으면 얼마든지 준비할 수 있다. 매일 칭찬 한마디 해주는 행위도 매일 5km씩 뛰는 일보다 훨씬 쉽다. 그런데 문제는 의지와 더불어 꾸준히 실천하지 못하는 태도다. 종이판을 거실에서 모든 사람이 오가는 길목에 붙였다. 눈앞에 30개의 네모난 빈칸이 있고 포스트잇으로 가득 채워야만 끝낼 수 있는 임무라 생각하기로 했다. 그래야 나 역시 포기하지 않고 성공할 수 있을 터였다. 또한 30일의 칭찬이 아이 마음을 지키는 씨앗이 될 수 있을 거라 믿으며 온 가족 앞에서 공언했다.
"엄마가 매일 칭찬 한마디씩 해줄게!"

칭찬 한마디씩 붙이면서 말속에 숨어 있던 크고 작은 의미들이 하나씩 모습을 드러냈다.

첫째, 사랑이다. 사랑은 행동으로 나타내야 상대방이 충분히 알 수 있다. 말하지 않아도 이해하고 느낀다는 말은 아이를 대상으로 적절하지 않다. 먼저 아이의 행동을 관찰해야만 해줄 말이 생긴다. 관찰하기 위해서는 당연히 관심을 가져야 하고, 그만큼 시간을 내야 한다. 이 과정을 통해 내가 얼마나 아이를 사랑하는 일에 게을렀는지 깨달았다. 또한 아이의 행동이 부정적으로 보일 땐 선행사건이나 배경을 살피고, 행동의 결과만 놓고 쉽게 판단하지 않았다.

둘째, 아이를 있는 그대로 바라보는 시선이다. 초반에는 아이 행위에 초점을 맞췄다면 거듭할수록 아이 존재를 먼저 인식했다. 칭찬은 주로 구체적인 행동을 관찰한 뒤에 이루어지기 마련이다. 그러나 존재 자체에 관한 긍정은 자기가 얼마나 소중하고 가치 있는지 느낄 수 있다. 하루 동안 아이가 한순간도 빛나지 않는다면 그건 내 마음의 문제다. 긍정적인 말을 꾸준히 해주다 보면, 그 말을 하는 내 눈은 반달이 되고 입꼬리도 올라갈 수밖에 없다.

셋째, 엄마가 성장하는 일이다. 자기효능감이 높아졌다. 나쁜 엄마라 자책하던 우울한 사람에서 매일 가치 있는 행동을 실천한 사람이 됐다. 자존감도 덩달아 높아졌다. 내 말 한 마디에 시든 꽃에서 활짝 피어나는 아이를 보며, 거꾸로 내가 얼마나 가치 있고 필요한 존재인지 깨닫게 됐다. 또한 칭찬하는 말의 대상은 아이지만 결국 그 말을 가장 먼저 듣는 건 나이기도 했다. 가족 모두를 칭찬하려고 노력한 나를 칭찬했다.

아이는 오늘 어떤 칭찬을 받고 싶은지 먼저 얘기하며 행동의 변화를 스스로 만들어 냈다. 나 또한 매일의 전쟁 통에서도 꽃피는 순간을 포착해 내려 노력했다. 가끔 집에 놀러 오시는 친정 부모님도 칭찬거리를 찾아 한마디씩 적어주셨다. 밤늦게 퇴근해 들어오는 남편은 짧은 시간이지만 칭찬받은 말을 일일이 자랑하는 아이와 눈을 맞추며 들어주었다. 칭찬과 격려의 한마디를 매일 들려주고 써 붙이며, 우리 가정에 조금씩 긍정의 바람이 불어왔다. 남편이 들어오면 "여보, 오늘도 수고 많았어요."라고 얘기해줄 수 있는 여유가 생겼고, 아이 얼굴에도 웃음꽃이 피기 시작했다. 그런데 둘째 아이가 종이판 앞에 서서 유심히 보더니, "나도 칭찬받고 싶다."라고 하는 게 아닌가. 잠 잘 자고 밥만 잘 먹어도 칭찬할 때라 이 같은 도구가 필요할 거라고는 생각 못 했다. 형이 하는 행동은 다 따라 하고 싶은 형 바라기였단 걸 깜빡 잊었다. 미안한 마음에 바로 그 옆에 종이판을 하나 더 붙이고 또 한 달간 한마디를 써줬다. 글자는 읽지 못했지만, 엄마가 매일 좋은 말을 써준다는 건 알았을 테니까.

 말 한마디의 힘은 생각보다 크다. 누군가를 다정하게 바라보며 건네는 따뜻한 말은 관계를 회복시킨다. 자신을 다그치던 마음도 잠시 멈추게 만든다. 가족 안에서 시작된 한 줄의 칭찬은 습관이 되었고 마침내 사랑의 언어가 되었다. 바쁘고 지치는 일상일수록 짧고 꾸준한 말의 힘을 믿어보기로 했다. 그 한마디가 오늘을 버티게 하고 내일을 기대하게 만드니까.

 아이의 야뇨증은 정서적으로 안정되면서 처방 약을 먹으니 호전됐다. 매일 한 번 이상 울던 아이의 우는 빈도가 점차 줄었다. 내 말을 따라 하면서 동생을 칭찬하기도 했다. 이후에도 우리 가족은 꾸준히 다른 한마디를 실천 중이다. 아침마다 남편이 외쳐주는 긍정 확언, 내가 출근하기 전 아이들에게 해주는 인사, 잠들기 전 감사기도와 사랑 고백까지. 이 글을 쓰는 현재, 첫째 아이 열두 살, 둘째 아이는 아홉 살이 됐다. 할 일은 안 하고 잔소리는 듣기 싫다고 귀를 막는 아홉 살. 방문을 닫고 혼자만의 세상에 들어간 열두 살. '불혹이 무슨 말이냐, 여전히 흔들린다!' 외치는 사십춘기 엄마. 셋의 전례 없는 눈치싸움이 시작된 터라 환기가 필요한 시점이다. 5년 만에 다시 칭찬 한마디 프로젝트를 실시했다. 아침 일찍 아이들 필통 안에 포스트잇 편지를 넣어두거나 잠들기 전 칭찬할 내용을 적어 공책에 붙여둔다. 나를 지키는 한마디가 결국 아이들을 지키는 한마디가 될 테다.

"지혜야, 오늘 소리 지르고 싶을 때 심호흡 잘했어. 넌 좋은 엄마야."

"쓰읍, 후우. 애들아, 오늘도 해야 할 일 하느라 애썼어. 많고 많은 엄마 중 나에게 와줘서 고마워. 이제 자유시간!"

"부모가 아이를 위해 보내는 시간의 질과 양이, 아이에게는 자신이 부모에게 얼마나 소중한 존재인지를 가늠하는 척도가 된다."

- M. 스콧 펙, 『아직도 가야 할 길』

아이를 변화시키고 싶다면 먼저 어른인 나의 언어를 돌아봐야 합니다. 매일 칭찬 한마디는 내 말이 아이의 마음에 어떤 색깔을 입히는지 돌아보게 해주었고, 동시에 엄마인 나의 자존감도 조금씩 회복시켜 주었습니다. 우리는 모두 말속에서 자라납니다. 오늘 내가 건넨 한 줄이 아이 마음속에 어떤 흔적을 남길지 생각하는 것. 아이를 사랑하고 나 자신도 사랑하는 첫걸음입니다.

더 빛날 당신을 위한 질문

Q. 오늘 당신은 아이 또는 자신에게 어떤 한 줄을 건넸나요?

✦ **2** ✦

아이를 위해 펼친 그림책이
나를 자라게 하다

몇 년 전, 중고 서점에서 책을 고르고 있을 때다. 초등 고학년으로 보이는 여자아이와 엄마가 함께 책을 고르며 대화했다. 아이 엄마는 손에 들고 있던 추천 도서 목록을 보며 문고판 책을 꺼내 들었고 아이는 그림책 한 권을 가져왔다.

"엄마, 이거 살래요."

"안 돼. 그건 애들 보는 거잖아. 이제 글씨 많은 거 봐야지. 이거 사."

"이거 사고 싶은데…."

아이는 마지못해 그림책을 제자리에 갖다 놓고 실망한 얼굴로 엄마를 따라갔다. 안타까웠다. 그들은 책을 사러 서점에 왔고 아이는 스스로 읽고 싶은 책을 골랐다. 그런데 그림책이라는 이유만으로 엄마는 아이의 선택을 가로막았다. 아이 엄마의 마음이 이해되지 않는 건 아니다. 나이에 맞게 줄

글 책을 읽히고 싶었을 터다. 나도 그럴 때가 있으니까. 하지만 서점까지 함께 온 그 수고로운 시간이 아이에게 좋은 기억으로 남는다면 오히려 책에 더 깊이 빠질 수 있을 텐데. 읽기는 분명 즐거워야 하고 자발적이어야 한다. 그렇게 읽다 보면 교육적 효과들은 자연스레 따라오는 보너스가 된다.

아이에게 그림책을 읽어주는 시간은, 서로의 온기를 느끼는 특별하고 잠깐뿐인 시기다. 열 살만 되어도 체격이 커져 엄마 무릎에 앉기 어렵고 열두 살이 넘으면 스스로 읽겠다고 말한다. 그전까지는 엄마가 읽어주면 아이는 그림을 보며 듣는다. 서로 감정을 주고받으며 하고 싶었던 말을 자연스럽게 꺼낼 수도 있다. 그림책의 문장은 때로 삶에 스며들어 언젠가 위로나 용기가 필요한 순간 마법의 지팡이가 되기도 한다. 내가 아이에게 책을 읽어주는 일을 멈출 수 없었던 이유다.

내가 첫째 아이에게 소리를 지른 날이면 아이는 어김없이 유타 바우어의 『고함쟁이 엄마』를 가져와 읽어 달라고 했다. 엄마 펭귄이 소리를 지르면 아이 펭귄은 얼굴, 팔, 다리가 모두 분리되어 흩어진다. 그림이 내 마음을 쿡쿡 찔렀다. 아이 마음이 이렇게 찢긴 것 같았겠구나. 읽는 내내 눈물이 핑 돌았다. 아이는 흩어진 몸을 스스로 다 찾아 붙이려 애쓴다. 그 위로 커다란 그림자가 드리운다. 아이를 찾아온 엄마다. 엄마는 조각난 몸을 한군데 모아 꿰매어주며 "미안해."라고 말한다. 상처를 주는 사람도 엄마요, 그 상처를 아물게 해주는 사람도 엄마였다. 아이는 이 책을 열 번도 넘게 가져왔다. 같은 이야기를 반복해 들으며 엄마의 사랑으로 안정을 취하고 싶었던 걸까. 먼저 손을 내민 건 아이였다. 나를 자라게 한 것도 아이였다. 책을 덮고 나면 한참 동안 아이를 꼭 안았다. 상처가 완전히 사라질 순 없겠지만 내 온기가 아이의 아픔을 조금이나마 덜어주길 기도하며.

『내가 만난 꿈의 지도』는 유리 슐레비츠가 전쟁으로 폐허가 된 바르샤바를 떠나 피난 중이던 어린 시절을 그린 자전적 그림책이다. 빵을 사러 다녀오겠다던 아빠는 빵 한 조각이 아닌, 지도 한 장을 가져왔다. 저자는 당시 화가 나서 아빠를 용서할 수 없었다. 그런데 신기하게도 지도를 보고 있으면 배고픈 것도 잊고 상상 속에서 바다와 숲과 도시를 자유롭게 여행했다고 한다.

"나는 아빠를 용서했어요. 결국, 아빠가 옳았으니까요."

빵 한 조각은 당장 허기를 채울 수 있었을 테지만 지도는 배고픈 현실 속에서 꿈과 희망을 잃지 않게 해주었다. 이 책을 읽으며 남편이 해준 이야기가 떠올랐다. 남편이 어릴 적 어머니께 "우리는 언제 비행기 타고 다른 나라에 가요?"라고 묻자, 어머니는 지구본을 사다 주시며 이렇게 대답하셨다고 한다.

"나중에 지겹도록 갈 테니 걱정하지 마."

남편은 그 말을 들으며 속으로 코웃음을 쳤는데 지금은 진짜로 지겹도록 비행기를 탄다. 결국 어머니의 말은 진심을 담은 기도였고, 그 기도는 현실이 되었다. 당장 형편이 넉넉하지 않아도 아이의 꿈과 자존감을 지켜주는 어머님의 태도는 내게 긴 여운을 남겼다.

식탁 위에 흐른 김칫국물을 닦고, 떨어진 밥풀을 줍고, 굴러다니는 색종이 조각을 치우고, 흩어진 책들을 책장에 꽂고, 뒤집힌 양말을 다시 뒤집는 일상. 그렇게 누군가의 무엇으로 살고 있던 어느 날, 한 권의 그림책이 나를 위로했다. 『나는 돌입니다』(이경혜 글, 송지영 그림) 속 바위는 제 모습을 싫어한다. 울퉁불퉁하고 늘 제자리에만 있어서 아무도 자신을 좋아하지 않는다고 느낀다. 살랑살랑 바람이라면, 파릇파릇 풀잎이라면, 하늘하늘 꽃이라면 얼마나 좋을까 생각한다.

어느 날 달빛에 비친 바위는 환하게 빛난다. 달은 말한다.

"나와 닮은 바위야, 나도 알고 보면 커다란 돌이란다. 그런데도 태양빛을 받아 이렇게 빛나잖니? 내 빛을 받은 너도 눈부시게 아름답구나."

내가 아이를 사랑하고 믿어주면 아이도 자기를 사랑하고 믿게 된다는 것을 다시금 깨달았다. 나는 내 모습 그대로 사랑하기로 했다. 그런 나를 보며 아이도 자기 자신을 사랑할 테니까. 내 환한 빛이 아이를 밝고 환하게 만들 테니까. 그래서인지 내가 아이에게 읽어주는 그림책 중 지식과 정보를 담은 책은 열 권 중 두 권 정도다. 논픽션이 주는 배움을 무시해서가 아니라 그보다 더 소중한 정서적 교감과 행복한 기억 그리고 '이야기'의 힘을 믿기 때문이다. 가끔 또래 아이들과 비교하는 상황을 마주한다. 어느 집 아이는 비문학 책을 줄줄 읽고 설명한다. 솔직히 부럽다. 그럴 때마다 시선을 다시 돌린다. 무엇을 읽었는가보다 그 책을 함께 읽으며 어떤 대화를 나눴는지가 중요하다는 걸 아니까.

아직 책 읽는 즐거움을 모르는 둘째 아이와 교과서 중심 수업에 지루함을 느끼는 우리 반 아이들에게 나는 다시 이야기꾼이 되어야겠다고 다짐한다. 다니엘 페나크는 『소설처럼』

에서 '독서는 어른이 아이에게 지우는 거의 유일한 일거리'라고 말했다. 이 문장이 마음을 찔렀다. 이제 첫째 아이는 줄글 책을 읽는 나이가 됐다. 가끔 내가 둘째 아이에게 그림책을 읽어줄 때 슬쩍 옆에 앉아 듣는 모습을 보면 그렇게 고마울 수가 없다. 아이에게 매번 독후감을 쓰라고 말하지 않지만, 솔직히 마음 한편엔 읽은 내용을 요약하고 설명해 주기를 바라는 마음이 없다고는 못 하겠다. 그래서 기억하고 싶다. 독서가 일거리가 되지 않도록. 다니엘 페나크가 말한 '독자의 권리'를 아이와 나에게 허락해 주려 한다.

1. 책을 읽지 않을 권리
2. 건너뛰며 읽을 권리
3. 책을 끝까지 읽지 않을 권리
4. 책을 다시 읽을 권리
5. 아무 책이나 읽을 권리
6. 보바리슴(마음대로 상상하며 빠져들 권리)을 누릴 권리
7. 아무 데서나 읽을 권리
8. 군데군데 골라 읽을 권리
9. 소리 내서 읽을 권리
10. 읽고 나서 아무 말도 하지 않을 권리

그림책은 아이를 위한 것처럼 보이지만 때로는 어른이 위로받을 이야기가 숨어 있습니다. 누군가에게 책을 읽어주는 일은 자신에게 말을 건네는 일이기도 하지요. 때로는 단순하고 짧은 문장이 삶을 꿰뚫는 진실이 되어 다가옵니다. 어쩌면 책을 가장 필요로 했던 건 아이가 아니라 나 자신이었는지도 모릅니다. 그림책을 통해 아이와 마음을 나누는 시간이야말로 부모와 아이 모두를 성장시키는 선물입니다.

더 빛날 당신을 위한 질문

Q. 당신이 아이와 함께 읽고 싶은 '마음의 그림책'은 무엇인가요?

3

사춘기와 사십춘기가 만났을 때

서점이나 도서관에 가면 수없이 다양한 책들이 나를 에워싼다. 마치 오래된 친구처럼 책은 그 자리를 지키며 누군가 다가오기를 기다린다. 책등마다 고요하게 눈을 맞추며 말을 건네는 듯하다.

"차별하지 않을게요. 누구든 괜찮아요."

그림책은 유아만을 위한 책이 아니고, 동화책은 초등학생만을 위한 책이 아니다. 책은 늘 우리 곁에 있지만 그 존재를 느끼는 시점은 사람마다 다르다. 나는 아이가 자라며 자연스럽게 청소년 문학에 관심을 가졌다. 아이와 함께 도서관에 가서 책을 고르거나 아이가 모르는 책을 미리 구매하기도 했다. 하지만 그보다 중요한 건 책을 보이게 두는 일이었다. 거실 테이블 위나 눈에 잘 띄는 책장 한편에 놓인 책은 아이의 손길을 끌었다.

내가 청소년이었던 1990년대 후반에는 청소년 문학이라는 장르 자체가 낯설었다. 동화책을 읽다가 갑자기 고전으로 건너뛰거나 만화책에 머무르기 일쑤였다. 하지만 요즘은 청소년의 언어와 정서를 섬세하게 담은 작품이 무척 다양해졌다. 아이가 읽을 책을 내가 먼저 읽는 데는 몇 가지 이유가 있다.

첫째, 아이 마음을 조금이라도 더 공감하기 위해서다.

손원평 작가의 『아몬드』는 그중에서도 특별히 마음을 사로잡은 책이다. 주인공 윤재는 편도체가 작아 감정을 느끼고 표현하는 능력이 극도로 제한된 '감정표현 불능증'을 가지고 있다. 분노나 두려움, 슬픔 같은 감정조차 윤재에게는 쉽사리 다가오지 않는다. 이 작품은 겉으로 보기에는 감정 없는 소년의 이야기지만 타인의 고통을 어떻게 이해하고 관계를 맺어야 하는지 묻는다. 감정표현이 서툰 윤재는 누군가의 손을 잡으며 지켜주고 싶은 마음을 배워간다. 겉으로 표현하지 않는다고 해서 아이가 무심하거나 냉정한 게 아니라 또 다른 갈망이 있다는 걸 알 수 있다. 감정의 언어가 부족해 스스로 답답해하는 아들을 대할 때 이 책은 내게 좋은 길잡이가 된다.

둘째, 아이가 걸어갈 길을 미리 걸어볼 수 있다.

나 역시 사춘기 시절의 고민을 기억한다. 하지만 오늘날의 아이들은 부모 세대와 또 다른 결을 지닌다. 세상이 훨씬 빠르게 변하고 아이들이 마주하는 선택과 압박의 폭도 훨씬 넓고 복잡해졌다. 미하엘 엔데의 『모모』는 내게 큰 울림을 주었다. 주인공 모모는 모두가 바쁘게 살아가는 도시 속에서 사람들의 시간을 훔쳐 가는 회색 신사들에 맞서 진짜 시간을 되찾기 위해 애쓴다. 그 여정을 따라가다 보면 나도 모르게 묻는다. '나와 아이는 지금 무엇에 쫓기며 살고 있을까?' 스마트폰 알림과 스케줄에 쫓기는 내 일상, 학교와 학원으로 바쁜 아이의 하루가 겹친다. 아이보다 먼저 그 길을 걸어 보며 시간의 의미와 삶의 우선순위를 다시금 되새긴다. 모모는 말한다. 진정으로 귀 기울여 주고 눈을 마주치며 함께 시간을 보내는 일이야말로 삶의 가장 소중한 순간이라고. 나는 지금도 가끔 회색 신사를 만나면 모모를 찾는다.

셋째, 책 속에서 내가 겪지 못한 상황과 감정을 아이 편에서 짐작해 본다.

아이의 감정에 완벽히 공감하긴 어려운 일이지만 문학이 도울 수 있다. 로이스 로리의 『기억 전달자』 주인공 조너스는 감정이 통제된 사회 속에서 처음으로 고통과 아름다움을 함께 받아들인다. 고통이 없는 삶은 색도 음악도 사랑도 없는 삶이다. 이 책을 읽으며 아이가 느끼는 감정의 풍랑을 존중하게 됐다. 무엇이 진짜 '느낀다'는 것인지 혼란마저 성장의 일부라는 사실을 받아들일 수 있었다. 내 삶에 없던 경험을 대신 만나게 해주는 것이야말로 책의 힘이다.

넷째, 꼭 같은 길 위에서 만나지 않더라도 아이가 걸어가는 길을 멀리서라도 지켜보고 싶다.

아이의 모든 삶을 통제할 수 없고 그렇게 해서도 안 되지만, 적어도 내가 곁에서 응원하고 있다는 것을 아이가 느낄 수 있다면 좋겠다. 팀 보울러의 『리버보이』는 사랑하는 할아버지의 죽음을 받아들이는 한 소년의 이야기다. 소년이 상실과 두려움을 껴안으면서도 강가를 따라 한 걸음씩 나아가는 모습이 마음에 남았다. '모든 강물은 바다로 흐른다. 그래도 바다는 넘치지 않는다. 어딘가에서 흘러왔던 그 강물은 결국 다시 흘러왔던 곳으로 되돌아가는 법이니까.' 이 문장을 떠올리면 아이가 겪을 상실과 방황조차 결국 삶의 한 흐름이며 언젠가는 다시 평온으로 되돌아올 것이라 믿는다. 아들이 언젠가 인생의 슬픔이나 가족의 부재를 마주하게 될 때 내가 어떤 위로의 말을 건넬 수 있을까. 아이가 앞으로 겪게 될 상실과 회복의 순간에 책을 통해 그 길을 먼저 걸어 본 어른으로서 조용히 곁을 내어주고 싶다.

다섯째, 책을 매개로 아이와 자연스럽게 대화하고 싶다.

공감은 공통의 관심사에 관한 대화에서 열린다. 아이와 함께 C. S. 루이스의 『사자와 마녀와 옷장』을 읽으며 판타지 세계로 여행을 떠난 적이 있다. 현실에서는 쉽게 꺼내지 못했던 두려움이나 외로움 같은 감정도 판타지 속에서 훨씬 자연스럽게 이야기할 수 있다. 『나니아 연대기』 시리즈는 정체성의 발견, 선과 악, 용기와 희생, 성장과 희망을 이야기하는 작품이다. 아이와 부모가 서로의 마음을 들여다보고 함께 상상할 수 있는 공통의 언어가 된다.

이렇게 책을 통해 얻은 통찰과 감정들은 아들의 사춘기와 나의 사십춘기를 부드럽게 이어주는 다리가 된다. 서로 다른 시간을 살고 있어도 책 한 권을 함께 읽는 일은 우리를 같은 이야기 속에 살게 해준다.

어느 저녁, 안방에서 쉬는데 거실에서 피아노 소리가 들려왔다. 첫째 아이가 〈바다가 보이는 마을〉을 연주하고 있었다. 피아노를 치며 온전히 자기만의 시간을 누리는 아이가 기특했고, 음악과 함께 커가니 아름다웠다. 마침 읽고 있던 손현주 작가의 『가짜 모범생』이 떠올랐다. 겉으로는 완벽한 모범생이지만, 그 이면에는 엄마의 기대와 학업의 부담으로 숨 막혀하는 학생이 주인공이다. 아이가 진정으로 원하는 것은 '자기다운 시간'이었다. 피아노 치는 아들의 모습에서 나 역시 느낄 수 있었다. 학원과 숙제 속에서도 아이는 자신만의 시간을 지키고 싶어 한다는 것을.

"민우야, 정말 좋다."

얼른 숙제하라는 말 대신 긍정의 메시지를 전했다. 둘째 아이보다 조금은 엄격한 기준과 잣대로 키운지라 언젠가 아이도 모범생이라는 틀 안에 갇혔다고 느낄지 모를 일이다. 하지만 피아노를 치는 이 시간만큼은 가짜가 아닌 진짜 자신으로 존재하고 있을 것이다. 이 순간이 오래도록 지켜지면 좋겠다. 그리고 언젠가 아들이 이 시간을 떠올리며, 빽빽한 일상에서도 자신을 잃지 않았던 소중한 순간으로 기억해 주었으면 한다. 내 숙제는 아이의 시간을 지켜주는 것일 터다.

아이는 음악으로, 나는 글로. 그렇게 우리는 사춘기와 사십춘기를 건너는 동행자가 되어간다. 책을 읽는 시간도 마찬가지다. 아이에게 독서는 단지 책 읽는 행위가 아니라 자신을 이해하고 표현하는 방식이다. 그 과정을 곁에서 지켜보는 나는 또 다른 의미에서 성장하고 있다. 아이의 청소년 시기, 나의 중년기. 두 시간대는 다르지만 모두 '변화'라는 이름 아래 흔들리는 나날이다. 책과 음악 그리고 따뜻한 대화가 우리를 잇는 가교가 되어 줄 거라 믿는다.

사춘기 아이와 사십춘기 엄마가 함께 머무는 집 안에 때로 긴장과 침묵이 흐릅니다. 그러나 책과 음악, 이야기가 놓일 자리를 마련하면 따뜻한 숨결이 깃들 수 있습니다. 우리는 각자의 방식으로 자신을 지키려 애쓰고 서로를 이해하려는 노력을 멈추지 않으니까요. 아이와 함께 읽은 책, 함께 들은 음악, 주고받는 편지는 공통의 언어가 될 수 있습니다. 그 시간이 언젠가 추억이라는 이름으로 다시 돌아와 서로의 곁에 다정히 서 있었음을 깨닫게 될 테고요.

더 빛날 당신을 위한 질문

Q. 지금 당신과 아이를 이어주는 다리는 무엇인가요?

사춘기 자녀보다 미리 또는 함께 읽으면 좋은 책

김선영, 『시간을 파는 상점』, 자음과모음
이금이, 『유진과 유진』, 밤티
박현숙, 『구미호 식당』, 특별한서재
손원평, 『아몬드』, 다즐링
엘윈 브룩스 화이트, 『샬롯의 거미줄』, 시공주니어
이꽃님, 『죽이고 싶은 아이』, 우리학교
진 웹스터, 『키다리 아저씨』, 인디고
로이스 로리, 『별을 헤아리며』, 양철북
루리, 『긴긴밤』, 문학동네
이현, 『푸른 사자 와니니』, 창비
알퐁스 도데, 『별』, 인디북
은소홀, 『5번 레인』, 문학동네
김하연, 『너만 모르는 진실』, 특별한서재
로버트 코마이어, 『초콜릿 전쟁』, 비룡소
J.M.바스콘셀로스, 『나의 라임 오렌지나무』, 동녘
황영미, 『체리새우: 비밀글입니다』, 문학동네
미하엘 엔데, 『모모』, 비룡소
로이스 로리, 『기억 전달자』, 비룡소
이금이, 『주머니 속의 고래』, 밤티
유은실, 『순례 주택』, 비룡소
C.S.루이스, 『사자와 마녀와 옷장』, 시공주니어
구병모, 『위저드 베이커리』, 창비
M.H.헐롱, 『가족표류기』, 양철북

어니스트 헤밍웨이, 『노인과 바다』, 민음사
이금이, 『알로하, 나의 엄마들』, 창비
이희영, 『페인트』, 창비
팀 보울러, 『리버보이』, 다산책방
존 보인, 『줄무늬 파자마를 입은 소년』, 비룡소
찰스 디킨스, 『크리스마스 캐럴』, 더스토리
김남중, 『불량한 자전거 여행』, 창비
조구만 스튜디오, 『우리는 조구만 존재야』, 더퀘스트
정혜경, 『내가 유전자 쇼핑으로 태어난 아이라면』, 뜨인돌출판사
박성혁, 『이토록 공부가 재미있어지는 순간』, 다산북스
R.J.팔라시오, 『아름다운 아이』, 책과콩나무
김소연, 윤혜숙, 정명섭, 『격리된 이이』, 우리학교
김남중, 『불량한 자전거 여행』 시리즈, 창비
이재문, 『몬스터 차일드』, 사계절
존 번연, 『리마커블 천로역정』, 규장

✧ **4** ✧

지금, 여기가
나의 지중해

 아이를 낳고 다짐했었다. 행복해질 미래를 위해 살기보다 지금의 행복을 놓치지 않게 해주겠다고. 하지만 살면서 아이들이나 남편의 행복한 순간이 내 행복의 순간과 완전히 겹칠 수는 없음을 알게 됐다. 반대로 우리의 교집합에서 얼마나 행복한지에 따라 각자의 공간과 시간 또한 더욱 행복해질 수 있음을 깨달았다.

 첫째 아이 1학년 때도 휴직 중이었다. 코로나로 단축수업을 하던 시기였다. 둘째 아이는 유치원에 있을 시간이라 오후가 되면 첫째 아이와 단둘이 손을 잡고 도서관에 자주 갔다. 선선한 가을바람이 불어오는데 아이가 말했다.
 "엄마, 어느새 가을이 왔네요. 어느새 나는 여덟 살이 되었고요. 그리고 어느새 겨울이 오고 나는 아홉 살이 되겠지요?"

그 순간 아이가 꼭 시인 같았다. 함께 걷지 않았다면 듣지 못했을 말이었겠지. 매 순간을 그렇게 소중히 여길 수 있다면 좋겠지만, 솔직히 아이와 보내는 시간이 지루할 때도 있었다. 나는 아들 둘을 몸으로 놀아줄 만한 체력과 에너지가 부족했고, 내향적이며 정적인 엄마였으니까.

둘째 아이가 유치원에서 돌아왔다. 셋이 함께 놀이터로 향했다. 술래잡기를 함께 하다가 아들 둘이 함께 놀길래 벤치에 앉았다. 노는 모습을 관찰하다가 다칠 때 달려가거나 "엄마, 이것 좀 봐요!"라는 말을 들을 때 목소리 내어 응원했다. 가끔은 한 시간 넘도록 쉬지 않고 아이와 노는 친구 엄마가 대단해 보였다. 우리 아이들과도 스스럼없이 놀아주는 모습에 미안하고 민망했다. 물론 교사로 일할 때처럼 외향인 가면을 쓰고 아이와 놀 때도 있고, 동네 엄마들과 대화를 나누면 재밌었다. 두 아들이 그네를 타다가 내려와 바닥에 앉아 딱지치기를 시작했다. 집에 들어갈 생각이 없어 보이길래 도서관에서 빌려온 책을 꺼내 읽었다.

카피라이터로 일했던 『모든 요일의 기록』과 『모든 요일의 여행』의 저자 김민철은 자주 회사를 그만두고 싶었다고 했다. 자신이 꿈꾸던 물리적 공간인 프랑스와 지중해를 알기 위해 책을 펼쳤고, 그곳에서 정신적 공간인 지중해를 만났다. 정신적 공간에서 행복을 찾았다고 해서 물리적 공간을 포기하지 않았고, 긴 휴가를 내어 지중해와 프랑스에 다녀왔다. 일을 그만두지도 않았고, 결국 머물기로 한 것이다. 나의 일상은 무엇이고 나의 지중해는 어디일까.

> *"육체의 지중해는 지금도 여전히 나를 유혹한다. 끊임없이 그곳으로 오라 손짓한다. 반면에 정신의 지중해는 나를 지금 이곳에 살게 한다. 내 마음가짐에 따라 이곳이 지중해가 될 수 있음을 알게 한다. 바람이 불고, 달이 뜨고, 낙엽이 지고, 겨울이 오고, 다시 봄이 오고, 그 모든 아름다움이 지금 여기에 있다. 지금, 여기가, 나의 지중해다."*
>
> - 김민철, 『모든 요일의 기록』

직장에 나갈 때는 아이들이 신경 쓰였고, 일을 쉴 때는 다가오는 복직일이 두려웠다. 그렇게 살면서 지금 여기에서 행복하지 않은 날이 많았다. 일하느라 아이를 더 세심하게 보살피고 교육하지 못하는 건 아닐까 싶어 휴직한 뒤 '아이 옆'이라는 지중해로 떠났다. 아이를 돌보겠다고 호기롭게 휴직했건만 나는 또 경력 단절의 불안감에 '직장'이라는 지중해를 갈망했다. 언제까지 육체의 지중해에 가기 위해 지금을 살지 못할 텐가. 언제까지 일상을 살지 못하고 도피할 텐가. 정신이 번쩍 들었다. 책을 덮고 아이들을 바라봤다.

놀이터에 가면, 줄넘기하는 아이의 자신감과 거침없이 미끄럼틀 꼭대기를 오르는 아이의 패기를 볼 수 있었다. 구름사다리를 한 손씩 번갈아 잡으며 올라가는 아이의 씩씩한 뒷모습을 볼 수 있고, 트램펄린 위에서 공중 부양할 때의 황홀한 미소도 볼 수 있다. 두발자전거를 타고 모험을 떠나듯 힘차게 페달을 밟는 아이의 휘날리는 머리칼을 볼 수 있고, 인라인스케이트가 익숙해지기 전 로봇처럼 움직이던 아이의 긴장감을 볼 수 있다. 비 온 뒤 아이가 발견한 지렁이와 달팽이를 볼 수 있고, 놀이터 주위를 둘러싼 코발트색 수국의 청량함을 느낄 수 있다. 그리고 놀이터에 가면, 따사로운 햇볕처럼 아이를 응원하는 내가 있었다. 이 모든 것이 내 삶을 빛나게 해주는 순간임을 깨달았다. 나의 정신적 지중해를 찾았다.

내가 사랑해야 할 대상이라고 여겼던 아이들이 사실은 나를 사랑해 준다는 걸 알게 됐다. 안아달라고 우는 것이 아니라 힘든 엄마를 꼭 안아주고 싶다고 말하고 있었다. 자기 뜻대로 하겠다고 떼쓰는 게 아니라 '엄마가 나를 이만큼 잘 키워줘서 내가 이렇게 혼자서도 할 수 있다.'라는 걸 알려주고 있었다. 교실에서도 마찬가지였다. "선생님, 사랑해요."라며 달려와 안기는 아이의 작고 따뜻한 몸, 몇 주 병가를 마치고 돌아간 날 "얼마나 걱정했는데요."라며 다가온 또 다른 아이의 눈빛도 결코 당연하게 받아서는 안 되는 귀한 마음이었다. 학교를 옮겼는데도 가끔 보고 싶다고 연락하는 아이로 인해 내가 얼마나 행복한 사람인지 내 삶이 얼마나 가치 있는지 깨달았다. 잃었다고 생각한 자리에 언젠가 또 다른 선물이 놓인다는 걸 배웠다. 경력 단절이라고 여겼던 시간은 오히려 돌봄을 깊이 이해하는 시간이었고 그 덕분에 다시 현장에 섰을 때 아이들과 양육자의 마음을 더 섬세하게 바라볼 수 있었다.

나는 이제 안다. 어느새 가을이 온 걸 느끼고 곧 겨울이 올 걸 아는, 여덟 살이 되어 아홉 살이 될 걸 아는, 아름다운 눈망울을 지닌 두 아들과 함께하는 지금. 이곳이 바로 나의 지중해다. 나의 삶을 의미 있게 만드는 이와 함께 하는 한 지금, 여기가, 나의 천국이다.

(김민철 작가는 결국 회사를 그만두고 프랑스 파리에서 살다 왔다. 『무정형의 삶』을 읽고 해방감이 들었다. 드디어 결국 떠났구나, 꿈을 이루려고. 그녀의 문장을 통해 내 고독에 도착해 나를 빛나게 하는 곳을 찾을 수 있게 해줘서 고맙다.)

> 우리는 때로 어딘가 떠나야만 행복을 찾을 수 있다고 생각합니다. 물론 여행은 삶에 매우 필요합니다. 바쁘게 일하고 쉼 없이 아이를 키우는 일상을 벗어나고 싶을 때가 있죠. 꿈꾸던 장소나 이상적인 삶은 먼 미래에나 가능할 것처럼 여기기도 하고요. 하지만 삶의 의미는 늘 우리 곁에 있습니다. 누군가를 바라보는 따뜻한 시선, 작은 존재가 건네는 말 한마디, 지루해 보이는 일상의 틈에서 피어나는 깨달음 속에서 발견할 수 있지요. 지금, 여기가 지중해임을 깨달을 때, 우리는 비로소 삶을 사랑할 수 있게 됩니다.

더 빛날 당신을 위한 질문

Q. 당신의 육체 또는 정신의 지중해는 어디인가요? 혹은 '지금, 여기가 지중해처럼 느껴진 순간은 언제인가요?

너희가 아니면 몰랐을 것들

애들아,
어제는 저녁 식사하고 목욕도 마쳤는데 8시에 함께 밖으로 나갔지. 새로 선물 받은 인라인스케이트를 꼭 타보고 싶다는 너희들의 성화에 못 이겨서 말이야. 그때 바람이 진한 아카시아 향을 머금고 엄마 얼굴을 스치는 거야. 바로 이 시원한 바람을 느끼며 이 향기를 맡으려고 너희와 함께한 거였어. 너희가 아니었다면 이맘때 아카시아 향을 우리 집 앞에서 맡을 수 있다는 걸 몰랐을 거야.

민우야,
얼마 전 네 생일을 맞아 엄마랑 무얼 하면 가장 좋을지 네게 물었지. 너는 이렇게 대답했어.
"엄마랑 뭘 해야 좋은 게 아니라, 그냥 뭘 하든 엄마랑 하면 다 좋은데."
누군가에게 내 존재만으로도 좋다는 얘기를 들을 수 있다는 사실. 내 인생이 얼마나 큰 축복인지 알기 위해 너를 만난 거란 걸 깨달았어. 네가 아니었다면 난 끊임없이 내 존재를 의심할 만한 상황에 흔들렸을지도 몰라.

연우야,

너는 늘 "나는 내가 가장 소중하고 나를 가장 사랑해요."라고 말했지. 엄마 아빠는 자존감 높은 널 자랑스럽게 여겼단다. 그런데 얼마 전 목욕하다 말고 갑자기 이렇게 말했어.
"나는 나를 가장 사랑했는데, 이제는 하나님을 가장 사랑해요."
엄마는 그 말을 듣고 울컥했단다. 그 말이 정말 아름다워서.

살다 보면 말이야, 때론 내가 나를 사랑하지 않는 순간이 오기도 하거든. 그런데 하나님을 가장 사랑하면 내가 나를 사랑하지 않게 될 때도 세상 그 누구도 날 사랑하지 않는 것 같아도 사랑의 근원이며 사랑 그 자체인 하나님이 너를 사랑하신다는 걸 깨닫게 되지. 우리는 자기 모습을 충분히 사랑할 수 있어. 그 사랑이 차고 넘치면 다른 사람을 사랑할 수 있지.

엄마는 요즘 너희와 함께하는 시간이 많아지면서 격려하기는커녕 통제하려고 했단다. 그런데 너의 고백을 듣고 나서 다시 엄마의 중심을 들여다보게 됐어. 매일 성경을 읽지만 내 마음에 사랑이 바닥나 있었고, 매일 기도를 드리지만 내 안에 긍휼함이 없었거든. 매일 운동해도 마음의 근육은 키우지 못했고, 매일 영어 공부해도 다정한 말 공부는 하지 않았지.

너의 그 말이 아니었다면 여전히 나를 통제하지 못한 채로 너희까지 통제하려고 했을 거야. 너희들이 아니면 몰랐을 것이 참 많다. 앞으로도 엄마 옆에서 계속 깨우쳐줘. 여전히 부끄럽고 부족하지만, 부지런히 배워갈게.

오늘은 둘째의 생일날이네. 너에게 줄 수 있는 선물은, 엄마가 어제보다 조금 더 나은 사람이 되는 거란다. 고맙고 고마워. 이 세상에 나와 함께 존재해 줘서. 이 편지를 쓰고 교문 앞으로 가서 너를 힘껏 안을래. 네가 좋아하는 고르곤졸라 치즈피자 먹으러 가자. 사랑한다.

- 2024년 5월 23일의 편지

✧ 5 ✧

시간을
배우는 시간

 차가운 겨울바람이 유리창을 두드리고, 집 안엔 보일러에서 퍼져 나온 온기가 은은하게 번지고 있었다. 따뜻한 커피 한잔을 들고 거실 테이블에 앉았다. 방학을 맞아 초등학교 3학년을 앞둔 첫째 아이와 수학 1학기 내용을 예습하는 시간을 가졌다. 아이는 시간의 덧셈과 뺄셈을 공부하며 60진법으로 받아 올림과 받아 내림 하는 방법이 익숙하지 않아 어려워했다. 시각과 시각의 사이가 시간이라는 걸 알면서도 문제의 답이 시각인지 시간인지 헷갈렸다. 시계 볼 줄 안다고 칭찬하던 때가 엊그제 같은데, 계산까지 정확하게 하라니 얼마나 힘들었을까. 단번에 이해하기 어려운 건데 여러 번 설명하다 보니 나도 모르게 목소리에 힘이 들어갔다. 잠깐 멈추고 '시간의 의미'에 머물렀다.

첫째, 시간은 누구에게나 공평하게 주어진 기회다. 우리는 흔히 이런 말을 하며 산다. '시간이 있니? 시간이 없어. 시간이 너무 빨리 지나갔어. 시간이 왜 이렇게 안 가지. 시간이 멈춘 것만 같아.' 흘러가는 시간 속에서 어떤 순간은 특별한 의미가 있다. 때로는 시간을 살아내는 것 자체에 의미를 둔다. 분명한 사실은 이 세상을 사는 모든 이에게 공평하게 주어진 게 있다면 바로 시간이라는 사실이다. 그 시간을 어떻게 살아가야 하는지는 각자의 몫이다. 미하엘 엔데가 쓴『모모』의 한 구절이다.

"시간을 재기 위해서 달력과 시계가 있지만, 그것은 그다지 의미가 없다. 사실 누구나 잘 알고 있듯이 한 시간은 한없이 계속되는 영겁과 같을 수 있고, 한순간의 찰나와 같을 수도 있기 때문이다. 그것은 이 한 시간 동안 우리가 무슨 일을 겪는가에 달려 있다."

아이에게 시간이 부족하다고 말하기 전에 함께 보내는 시간을 소중하게 여기기로 했다. 시계 보기를 가르치며 시간 계산을 정확하게 해내게 하는 것도 중요하지만, 내게 주어진 시간을 가족에게 나누어 사용하기로 마음먹었다. 아이와 함께 보내는 시간 동안 '15분의 사랑'을 실천했다. 아침 출근하기 전 15분은 다정한 목소리로 깨우며 따뜻한 손으로 다리를 주무르거나 등을 긁어줬다. 휴직했을 땐 아이 옆에 누워 깰 때까지 잠깐 안고 있었다. 퇴근하고 15분 동안은 품에 안아서든 옆에 앉아서든 책을 읽어줬고, 함께 저녁 식사하는 15분은 웬만하면 영상 보지 않고 얼굴 보며 대화했다. 자기 전 15분 동안 말씀 읽고 기도한 뒤 머리칼을 쓸어주고 볼에 입을 맞췄다. 이런 작은 실천들은 아이의 '성취'보다 '존재'에 집중하게 하는 힘이 있다.

둘째, 흘러가는 시간 속에서 특별한 순간을 경험한다. 어떤 순간은 흘려보내며 잊고 어떤 순간은 붙잡아 오래 기억한다. 아이들의 삶도 마찬가지다. 그런데 부모가 아이의 일상을 짜임새 있게 이끌어 주려는 목적을 넘어 지나치게 관리하는 건 아닌지 돌아볼 필요가 있다. 아이가 해야 할 일을 모두 끝냈음에도 놀이 시간마저 부모가 유익하다고 여기는 활동으로 채우려 하는지 말이다. 보살핌과 유익한 배움이라는 이유로 요즘 아이들은 가정보다 기관에서 보내는 시간이 더 많다. 집에 있는 시간마저 자유롭게 쉬거나 자신만의 방식으로 창조하지 못하도록 계속 뭔가로 채우고 있는 건 아닐까. 물리학자 마이클 패러데이는 이런 질문을 했다.

> "세상에서 가장 길면서도 가장 짧은 것, 가장 빠르면서도 가장 느린 것, 가장 작게 나눌 수 있으면서도 가장 길게 늘일 수 있는 것, 가장 하찮은 것 같으면서도 가장 회한을 많이 남기는 것, 그것이 없으면 아무것도 할 수 없고, 사소한 것은 모두 집어삼키고, 위대한 것에게는 생명과 영혼을 불어넣은 그것, 그것은 무엇일까?"

짐작했듯이, 시간이다. 아무리 아껴도 흘러가 버린다. 우리의 마지막이 언제일지 모른다. 시간이 많이 남았다고 착각하면 안 된다. 나도 머리로는 알면서 막상 빈둥거리는 아이를 보면 솔직히 한숨이 났다. 아직도 숙제를 안 했냐고, 빨리 문제 풀라고 다그쳤다. 매번 후회하지만 어리석게도 후회할 선택을 반복했다. 지나간 시간을 후회하지 않고 지금 행복해야겠다. 흘러가는 시간에서 특별하고 의미 있는 순간으로 만드는 건 그 누구도 아닌 자신이니까. 질문을 던질 순 있어도 아이의 시간과 기회를 빼앗아서는 안 되니까. 설령 그 대상이 내가 낳은 자녀라도 내 소유물은 아니다. 아이를 집어삼키는 우를 범하기 전에 생명과 영혼을 불어넣어 주려면 아이만의 시간을 지켜줘야 한다. 조금 느리든 실수하든 해내든 결국 아이 그 자신의 시간임을 기억해야 한다.

셋째, 시간은 나와 타인을 연결한다. 아이와 실랑이 벌이던 그 시각, 남편에게 연락이 왔다. "혹시 뉴스 봤어? 지금 튀르키예에 지진이 발생했는데 사망자가 너무 많네. 거래처에 전화했는데 아무도 안 받아." 얼른 스마트폰을 켜 뉴스 속보를 확인했다. 튀르키예·시리아에 규모 7.8의 대지진이 발생했다. 인명피해는 물론이고 여진 발생으로 구조에도 어려움을 겪는 중이었다. 교통과 통신이 마비되고 오랜 문화재들도 파괴되었다. 뉴스를 통해 본 상황만으로도 마음이 무거웠는데 남편이 회사에서 담당하는 튀르키예 바이어 세 명 중 두 명만이 연락이 닿았다고 했다. 괜찮은 거냐는 물음에 겨우 살았다고 답한 상황이라 모두가 마음을 놓을 수가 없었다. 끙끙대는 아이 옆에 앉아 있으면서, 시간을 숫자로 여겨 문제 푸는 행위와 매일 일정 시간 동안 공부하는 것 자체의 의미, 지금 우리는 어떻게 시간을 보내는지 곰곰이 생각하게 됐다. 청소년 소설 『시간을 파는 상점』의 문장이 생각났다.

"삶은 지금의 시간을 살기 때문에 더욱 아름답고 아쉬운 건지

도 모른다. 아무것도 영원한 것은 없다."

    긴급한 구조 현장에서 한 사람이라도 더 살리기 위해 분투하는 이들의 시간과 절박하게 구조를 기다리며 버티는 이들의 시간은 얼마나 모자라고 애타게 느껴질까. 반면, 햇살이 비추는 거실에서 커피를 마시며 아이 옆에 앉아 이야기를 나누는 나의 시간은 얼마나 여유롭고 느긋한가. 삶은 결국 죽음을 향해 가는 길이라지만 때로는 예기치 못한 일들로 허무해진다. 그렇다면 바로 지금, 의미 있는 시간을 살기 위해 나는 무엇을 어떻게 해야 할까. 나의 시간과 타인을 위한 시간이 서로 연결되고, 절망의 순간을 희망으로 바꿀 수 있다면. 그 생각 끝에 나는 지금 하고 있던 일을 잠시 멈추고 기도해야겠다고 마음먹었다.

    아이들에게도 잠깐 공부를 멈추고 우리의 안위가 아니라 다른 사람들을 위해 기도하자고 말했다. 부디 사상자가 더 늘어나지 않고 빠르게 구조되길. 마음과 물질로 돕는 손길이 넉넉히 이어지길. 여진 없이 조속히 피해 현장이 안정되길. 이 모든 절망적인 상황 속에서도 한 줄기 빛 같은 희망을 볼 수 있기를.

    그날 나는 블로그에 글을 쓰며 모아온 적립금에 조금 더

보태 기부했다. 아이들에게도 이야기해 주었다. 우리의 시간이 모두 연결되어 있다고.

현재는 미래를 위해 준비하는 시간이 아니다. 현재는 금방 과거가 되어버리고, 지나간 시간은 다시 돌아오지 않는다. 오늘도 나는 아이의 행복해질 미래를 위해 자꾸만 문제집에 집중한다. 행복은 문제집 속에 있지 않은데 말이다. 아이가 공부할 때 얼마나 애쓰는지 한 번 더 격려해야겠다. 맞춤법과 띄어쓰기를 마흔 넘어서도 헷갈리는 내가 열 살 남짓한 아이를 혼낼 자격은 없으니까. 아이와 함께 공부하며 나는 결국 시간의 의미를 배워간다. 정답보다 중요한 건 이 순간을 함께 살아내는 것이니까.

> 시간은 계산하는 것이 아니라, 함께 살아내는 것입니다. 아이와의 작은 실랑이, 지구 반대편의 절망, 책 속의 구절들이 하나로 연결되어 우리에게 묻습니다. 지금 우리는 누구와 어떤 마음으로 시간을 보내는지. 아이의 시간과 나의 시간이 다르지 않음을 느끼는 순간, 우리는 비로소 진짜 시간을 살아가기 시작하는지도 모릅니다. 숫자보다 중요한 건 마음이고, 성취보다 소중한 건 존재입니다. 이 순간 누군가와 함께 호흡한다는 사실만으로도 시간은 충분히 의미 있습니다.

더 빛날 당신을 위한 질문

Q. 당신에게 오늘이라는 시간은 어떤 의미인가요?

인생의 정답보다 소중한 시간

아이야,
며칠 전 네가 엄마에게 물었지.
문제 하나 틀리는 것 가지고 인생이 바뀔 수도 있는 거냐고.
엄마는 당연히 아니라고 대답했고,
그보다 훨씬 더 중요한 게 있다고 말해주었지.
솔직히 말하자면, 엄마 마음 한편에서는
'어떤 순간에는 정말 결정적일 수 있다.' 라는 생각이 들었단다.
인생엔 정답과 오답이 분명하지 않을 때가 많아.
배운 걸 확인하며 문제를 푸는 것,
계산을 틀리지 않으려는 노력도 분명 의미 있는 일이야.
그보다 더 중요한 건 문제를 대하는 너의 태도와 실수 앞에서
다시 도전하는 용기, 무엇보다 네가 쏟는 진심이란다.
기특하다 칭찬해 줬더니 왜 그렇게 생각하냐고 되물었지.
엄마는 대답했어.

"너는 이미 놀랍고도 멋지고 의미 있는 시간을 살아가고 있으니까."

그랬더니 너는 머쓱한 표정으로 미소 지었어.

우리는 모두 같은 시간 속에 살고 있지.

하지만 네 삶을 향한 하나님의 선하신 타이밍이 따로 있단다.

그러니 조급해하지 말고 세월을 아끼며 겸손히 감사함으로 오늘을 살아가자.

영원히 변하지 않는 건 하나님의 말씀뿐이니까.

매일 말씀을 묵상하고 그분의 음성에 귀 기울이자.

엄마도 너와 함께하는 시간을 단순히 틀린 것을 지적하는 시간이 아니라 '존재의 의미'를 함께 발견해 가는 카이로스의 시간으로 만들어 갈게.

그 기회를 놓치지 않기 위해 노력할게.

자신을 위한 시간과 다른 이를 위한 시간이

결국 모두를 위한 의미 있는 시간이 된다는 걸 기억하자.

오늘도 내게 배움을 주는 너를 사랑해.

- 2023년 2월 6일의 편지

✦ **6** ✦

아이가 아파서
더 많이 기도하다

"네? 백혈구 감소증이요?"
"너무 걱정하진 마세요. 건강한 프리미어리그 선수도 면역력이 약해지면 그럴 수 있는 거니까요. 성장호르몬이 많이 분비되는 청소년기 거치면서 대부분 좋아질 겁니다."

민우가 아팠다. 체온계 불빛이 파란색에서 빨간색으로 변하며 40.4도를 찍었다. 오한과 발열로 옷이 흠뻑 젖을 만큼 땀을 흘리다가 잠시 열이 내려가도 몇 시간 뒤면 다시 오르는 일이 반복됐다. 처음엔 동네 소아과병원에서 받은 약을 먹으면 괜찮아질 거라 여겼고, 응급실에서 수액을 맞으면 나아질 거라 믿었다. 하지만 열은 쉽게 내려오지 않았다. 의료진 파업으로 인해 대학병원에서도 입원을 권하지 못했다. 나는 무력하게 축 처진 아이를 데리고 집으로 돌아와야만 했다. 여전히 독감과 코로나도 아닌데 원인을 찾을 수 없었다. 입원이 결정되기까지 열흘. 나는 무수히 자책했다. 좀 더 빨리 좀 더 세심하게 살폈다면 아이가 덜 아프지 않았을까. 일 나가느라 잘 챙기지 못한 탓일까. 눈앞에서 고열에 시달리는 아이를 보며 차라리 내가 대신 아프길 바랐다.

최근 4년 동안 같은 증상으로 세 번째 하는 입원이었다. 병동 생활을 두 차례 겪은 뒤여서였을까. 나도, 아이도 담담하게 짐을 챙겼다. 소아병동이 폐쇄된 탓에 일반 병동의 2인실로 배정되었다. 간호사는 최대한 비슷한 연령대의 환자와 함께 있도록 배정하겠지만 그렇지 못할 수도 있다며 양해를 구했다. 입원 전, 민우는 거뭇해진 인중을 보며 물었다. "엄마, 이제 나도 청소년이 되는 거예요?" 나는 웃으며 말했다. "엄마 눈엔 네가 아직 아기 같아서 귀여운데…. 그래도 점점 커가는 모습이 정말 멋지다." 그 짧은 대화는 불안 속에서도 성장통을 견디게 해주는 진통제 같았다.

병실에서 처음 함께한 환자는 폐렴을 앓는 20개월 아기였다. 민우는 밤새 아기의 울음소리에 머리가 아프다며 괴로워했고, 나뿐만 아니라 아기 보호자도 잠을 이룰 수 없었다. 이

튿날 병원 편의점에 가서 간식과 커피를 샀다. 어색한 사이지만 밤새 힘들었을 그들과 나누었다. 다행히 호전된 아기가 퇴원한 뒤 다음 환자가 왔다. 축구하다가 쓰러진 남자 중학생이었다. 회진 온 의사는 뇌전증 가능성을 말하며 MRI와 뇌파검사를 진행하겠다고 말했다. 준비물 없이 급히 입원한 아이와 보호자는 분주했고, 나는 샴푸와 수건을 내주었다. 필요한 사람에게 건네기 위해 넉넉히 가져왔나 보다. 병원 복도에서는 누군가의 간절한 외침이 들려왔다. "엄마아~ 엄마아~" 복도를 지나가다가 옆 병실 패널에 적힌 환자 정보를 보니 4명 모두 80대 어르신이었다. 내가 들은 목소리는 누구란 말인가. 반복되는 소리에 민우가 물었다. "왜 이렇게 엄마를 계속 부를까요?" 나는 아이의 머리칼을 쓸며 대답했다. "너무 힘들어서 엄마가 보고 싶으신가 봐."

문득 기도했다. 고통 속 그분에게도 평안함이 있기를. 내 손 위의 작은 물질, 내 마음에 깃든 작은 선의, 잠깐의 기도가 누군가에게 닿을 수 있다면 그걸로 감사하다고.

"네 손이 선을 베풀 힘이 있거든 마땅히 받을 자에게 베풀기를 아끼지 말며 네게 있거든 이웃에게 이르기를 다시 오라 내일 주겠노라 하지 말며"

- 잠언 3장 27~28절

병원은 인력 부족으로 주말 진료가 중단된 상태였고 담당 교수는 출근하지 않았다. 하지만 교수는 퇴근 후에도 병동에 연락해 아이를 챙겼다. 수면 전 약을 추가 처방한 것도 그 덕이었다. 돌봄이 필요할 때 흘러 들어오는 기도와 관심은 수액처럼 우리를 살게 한다. 간호사들의 노고에 더욱 감사했다. 우리 학부모들도 교사 이외에 아이를 위해 협력하는 치료사, 복지사, 실무사, 활동 보조인 등의 존재가 얼마나 든든할까 싶다. 하지만 부모도, 교사도, 의료인도 개인의 안위가 지켜져야만 그 사명을 충분히 감당할 수 있을 것이다. 일이 아닌 사명이란 말은 무겁다. 그럼에도 불구하고 일을 포기하지 않고 감당할 만한 힘이 각자의 삶에 공급되기를 바랐다.

"모든 지킬 만한 것 중에 더욱 네 마음을 지키라 생명의 근원이 이에서 남이니라"

- 잠언 4장 23절

간호사와 실습생들의 세심한 처치와 따뜻한 태도, 병실에서 음료를 나누며 나눈 위로의 말들, 다시 만났을 때 최선을 다하겠다고 한 교수님, 아이를 돌보는 동안 뒤를 봐준 시부모님과 친정 식구들, 병원과 정보를 함께 알아봐 준 이웃과 동서들, 온라인의 육아 친구들에게 감사했다. 무엇보다도 형의 입원 소식에 눈물 흘리면서도 마지막엔 "사랑해."라고 말해준 둘째 아이, 아픈 와중에도 씩씩하게 잘 견뎌 준 민우에게 고마웠다. 출근하면서 열흘 넘게 밤잠을 설치면서도 잘 버텨준 나 자신을 격려했다.

소아병동 반대편에는 호스피스 병동이 있었다. 운동 삼아 링거를 끌고 전체 병동을 한 바퀴 도는데 민우가 "저긴 어떤 곳이에요?" 하고 물었다. 나는 잠시 망설이다가 천천히 설명하고는 그 앞에서 아이와 함께 기도했다. 이 시간 고통과 슬픔 속에 거하는 이들과 그 가족이 평안하길. 나와 내 아이가 자신의 아픔에 머무르지 않고 타인의 고통에도 눈길을 줄 수 있기를.

병상에서 일상을 보내는 환우와 보호자, 간병인 등의 삶을 감히 안다고, 공감한다고 말할 수 없다. 그러나 삶은 어디에나 있다. 내 시선이 머무는 곳에 서 있다면 그건 기회다. 타인의 고통에 마음을 내어주는 기회, 함께 아파하고 기도하는 기회, 그 고통에 잠시 멈춰 서는 기회, 눈을 들어 세상을 더 깊이 바라보는 기회 말이다.

살면서 누구나 예상치 못한 고통과 마주한다. 누군가의 아픔 앞에서 내가 할 수 있는 일이 작고 보잘것없어 보여도 진심 어린 마음에서 비롯됐다면 헛되지 않다고 믿는다. 병실의 나눔처럼 누군가에게 손 내밀 수 있는 작고 따뜻한 순간은 우리 모두에게 열려 있다. 나의 고통에 갇히지 않고 타인의 고통을 마주 보는 여유, 함께 기도하고 연결되는 경험은 우리를 더욱 깊고 단단한 존재로 만든다.

> 삶에서 힘겨운 순간은 때때로 나 자신이 아닌 누군가의 아픔 앞에서 찾아옵니다. 아픈 가족, 고통받는 타인 그리고 그들을 마주한 나 자신. 고통 속에 머물며 우리가 할 수 있는 가장 인간적인 일은 함께 아파하고, 기도하며 연대하는 일이라고 생각합니다. 삶은 언제나 예고 없이 무너지기도 하지만, 그 틈에서 나오는 따뜻한 손길과 작은 기도가 한 사람의 하루를 다시 일으킬 수 있습니다.

더 빛날 당신을 위한 질문

Q. 내가 겪은 고통은 타인의 아픔에 어떻게 다가서는 마음이 되었나요?

✦ 7 ✦

엄마 냄새, 아이 냄새

　다시 일상으로 돌아온 어느 밤, 둘째 아이 연우가 내 품에서 잠들었다. 숨결을 따라 퍼지는 따뜻한 체온과 익숙한 냄새, 팔 사이로 들어오는 작은 손. 모든 순간이 소중했다. 병실에서 기도하며 지키고 싶었던 평온이, 이렇게 내 곁에 와 있었다.

　그럼에도 가끔은 혼자이고 싶었다. 이층 침대를 사줬는데도 아들들은 일주일에 두세 번은 어김없이 안방으로 몰려온다. 남편까지 합세해 남자 셋이 내 옆에서 자겠다고 난리다. 아이를 낳고 7년 동안 통잠을 자본 적이 없다. 그즈음부터 분리 수면을 시도했지만, 어느덧 12년째. 잠자리 독립은 여전히 멀기만 하다. 민우는 혼자 잘 수 있는데 연우가 자꾸 안방으로 오니까 질투가 난다며 주말이면 꼭 내 옆에 눕는다. 그러다 보면 밤새 내 배 위에 발을 턱 얹거나 머리에 박치기하거나 엉덩이 밑에 발등을 찔러 넣는 등 온갖 애정이 난무한다. 그 모든 걸 버텨내고 다시 잠을 청하려는 찰나 이번엔 남편의 코 고는 소리가 시작된다. 아이들에 질 수 없다는 듯 존재감을 부각한다. 도대체 언제쯤이면 아무 방해 없이 혼자 잘 수 있을까?

그날도 아이들의 등을 긁어주고, 종아리를 주물러준 뒤 머리칼을 쓸어주며 새근새근 잠드는 아이들 곁에 누웠다. 습관처럼 아이 냄새를 맡았다. 순간 설명할 수 없는 행복이 밀려왔다.

'언제 이렇게 컸지…?'

문득 첫아이를 임신했을 무렵 선배 교사에게 선물 받아 읽은 『하루 3시간 엄마 냄새』가 떠올랐다. 아기가 하루 3시간은 엄마 냄새를 맡아야 즉 함께 시간을 보내야 정서적으로 안정되고 건강하게 자란다는 내용이었다. 냄새라는 감각이 주는 안정감이 그만큼 크다는 말이다. 돌이켜 보면 나 역시 냄새로 추억을 간직한다. 친정엄마를 떠올릴 때 가장 먼저 생각나는 건 된장찌개 냄새다. 함께 있을 때 밥을 지어 주시던 시간과 그 냄새에 담긴 마음이 좋았다. 지금도 가끔 우리 집에 오시면 식사 준비를 도맡아 하신다. 어느 날 첫째 아이가 말했다.

"엄마는 외할머니가 오실 때 밥을 가장 많이 먹는 것 같아요."

몰랐다. 내가 엄마 밥을 그렇게 잘 먹는 줄은. 아마 그건 단순한 음식 맛보다 '시간의 냄새' 때문이겠지. 엄마가 내게 시간을 내준다는 안도감 속에 스며든 냄새 말이다. 지금 생각해 보니 수능 전날 긴장해서 잠이 안 올 때도 엄마가 끌어안고 기도하며 재워줬다. 엄마 말씀으로는 내가 어릴 땐 엄마의 머리카락을 만지작거리며 잠들었다고 했다. 너무 간지러웠지만 그래야 내가 잠이 잘 자려나 싶어 참으셨단다.

연우를 품에 안고 그림책 『무릎딱지』를 함께 읽었다. "엄마가 오늘 아침에 죽었다."라는 문장으로 시작하는 이 책은, 엄마를 잃은 아이의 상실감과 치유 과정을 담고 있다. 그중에서도 아이가 엄마 냄새가 새어 나가지 않게 창문을 닫아두고 엄마 목소리가 사라질까 봐 귀를 막고 입을 다무는 장면에서 눈물을 삼켰다. 할머니가 집에 와서 창문을 열었을 때 엄마를 잃을까 봐 몸부림치며 우는 아이 모습에 몇 초간 조용히 그 순간에 머물렀다. 그림책을 덮고 나는 조심스럽게 물었다.

"연우는 엄마 냄새를 어떻게 간직할 거야?"

"엄마 꼭 안고 냄새를 많이 맡은 다음에 콧구멍 속에다 보관할 거예요."

"그럼, 엄마 목소리는?"

"음… 많이 들은 다음에 귓구멍 속 달팽이관에다 보관할 거예요!"

이 예쁜 말을 나도 달팽이관에 보관해야겠다. 아이들이 내 옆에서 자겠다고 하는 지금, 정수리 땀 냄새, 방귀 냄새까지 콧속에 저장해야겠다. 아이를 품에 안고 네가 얼마나 소중한지 자주 소리 내어 말해줘야겠다. 잠들기 전 피곤하겠지만 내 냄새를 맡고 안심할 수 있다면 기꺼이 머리칼을 쓸어줄 테다. 가만히 생각해 보면 아이와 함께 보낼 시간은 얼마 남지 않았다. 청소년이 되면 자기 세상을 꿈꾸느라 나를 벗어나려 할 테고, 스무 살이 넘으면 자기 삶을 가꾸느라 바빠질 테고, 결혼하고 아이를 낳으면 자기가 꾸린 가정에 더 집중할 테니까. 아이는 훗날 내 어떤 목소리를 기억할까? 내 어떤 냄새를 떠올릴까?

아이에게 엄마 냄새가 안정과 사랑의 기억이 되듯, 어른에게도 어떤 냄새는 삶을 견디게 하는 힘이 된다. 냄새는 말보다 먼저 기억을 깨우고, 감정보다 더 오래 마음에 머문다. 사랑하는 사람의 체온과 숨결, 품에 안겼을 때 전해지는 고유의 냄새는 시간이 흘러도 쉽게 잊히지 않는다. 어느 날 아이가 곁을 떠나 자기만의 공간을 갖게 되더라도 냄새의 기억은 서로를 이어줄 터다. 지금 아이의 냄새를 기억하는 것은 오늘의 사랑을 영원히 저장하는 일이 될 수 있다.

때로는 너무 지쳐 육아가 도대체 언제쯤이면 끝나는 걸까 싶었다. 하지만 신기하게도 아이를 품에 안고 있을 때만큼은 그런 생각이 들지 않았다. 아이 냄새가 나를 엄마라는 존재로 만들어주었고 그걸 계속해서 일깨워주었으니까. 분명 머지않아, 아이들이 먼저 자기 방에서 따로 자고 싶다고 말하는 날이 오겠지. 내 손을 잡고 걷는 것이 어색해질 날이 오겠지. 그 시간이 너무 빨리 와버려서 더 많은 시간을 함께 보내지 못한 걸 후회하기 전에 아이 목소리를 귀담아들어야겠다. 아이에게 엄마 냄새가 필요하듯 엄마에게도 아이 냄새는 필요하니까.

언젠가 아이가 품을 떠나 각자의 시간을 살아가게 될 때, 내가 남겨줄 수 있는 건 결국 따뜻한 기억뿐일지 모릅니다. 욕심일 수도 있겠지만 엄마와 함께한 시간을 '사랑받았던 시간'으로 기억하길 바랍니다. 매일 밤 되뇌었던 다정한 인사, 머리칼을 쓸어주던 손길, 포근한 품과 익숙한 냄새. 그 모든 것이 아이에게 삶을 지탱하는 힘이 되길 바랍니다. 저 역시, 이 시간을 기억하며 오래도록 '엄마'라는 이름을 간직하고 싶습니다.

더 빛날 당신을 위한 질문

Q. 당신은 어떤 냄새에 사랑과 그리움을 담고 있나요? 사랑하는 사람에게 어떤 냄새와 목소리로 기억되고 싶은가요?

Chapter 4

나답게 살아가기 시작하다

✦ **1** ✦

하고 싶지 않음을
선택할 권리

"억지로 웃지 않아도 되고 일부러 말하지 않아도 된다. 몸을 움직이지 않아도 되고 무언가를 생각하지 않아도 된다. 수영장에 왔다고 해서 꼭 수영할 필요도 없다. 가만히 앉아 사람들을 구경해도 되고 조용히 누워 잠을 자도 된다. 멍하니 숨만 쉬어도 된다. 아무것도 하지 않는 시간, 그게 바로 쉼이다."

- 우지현, 『풍덩』

일주일에 다섯 번 이상, 하루 5천 보 넘게 걷는 것을 최소한의 운동 루틴으로 정해두고 있다. 일주일에 한두 번은 걷지 않고 달린다. 처음 달리기를 시작하면서 '런데이' 앱을 설치했다. 초보 훈련 8주 프로그램에 신청하고 이어폰으로 들려오는 트레이너의 동기부여 음성을 들으며 꾸준히 달리기에 적응했다. 그런데 처음부터 30분 내내 달리는 게 아니라 뛰다 걷는 걸 반복했다. 그걸 '인터벌 달리기'라고 했다. 처음 5분은 걸으면서 몸을 덥히고 1분 뛰다가 2분 걷는 걸 여러 번 반복한다. 마지막 5분은 다시 걸으면서 천천히 체온과 심박을 낮춘다. 인터벌 달리기는 부상 위험을 줄이면서도 유산소 효과를 극대화하는 효율적인 운동법이다. 짧은 시간에 지구력과 심폐 기능을 높이고 많은 열량을 소모할 수 있다. 이 방법으로 나는 5km 마라톤에 호기롭게 준비하고 도전했다.

삶의 균형을 위해 루틴과 리추얼을 실천하는 일은 중요하다. 하지만 가끔은 쉬고 싶거나 안 하고 싶을 때가 생긴다. 시간 내기 애매할 때 헬스장 가기 싫고, 피곤할 때 눕고 싶다. 책 읽기보다 영상을 보고 싶다. 그럴 때 인터벌 달리기할 때처럼 계속 전력 질주하지 말고 잠시 천천히 걷는 구간을 갖는 것도 좋다. 그렇지 않으면 아예 포기하거나 다시 이어가기 힘들 수도 있으니까. 그렇게 '계속 더 하기'보다는 '가끔 덜 하기'를 선택하며 일상의 마음가짐과 습관에도 이 원칙을 적용해 본다.

첫째, 최소한의 범위를 정해 루틴을 실행한다.

주로 운동, 독서, 영어 공부, 글쓰기가 여기 속한다. 일주일에 5일, 한 달에 20일, 365일 중 300일만 넘어도 성공이라 생각하는 거다. '이번 달은 망했어. 이번 생은 틀렸어.' 같은 부정적 생각과 '나는 왜 이렇게 게으를까. 이 정도도 해내지 못하다니.'처럼 자괴감에 빠지지 않는 장치를 마련해 둔다. 내 경우 운동과 영어 공부 루틴은 실천 결과를 인증하는 모임에 참여 중이다. 이 모임도 일주일에 5일 및 한 달에 20일 이상 인증 조건이 있다. 최소한의 범위를 정해놓으면 포기하는 날보다 시도하는 날이 더 많아진다.

둘째, 때로는 책 읽는 행위를 쉰다.

책 읽는 건 인증하지 않고 혼자만의 취향과 속도를 반영하며 읽는다. 가끔 전력 질주하듯 한 달에 열 권 이상 읽을 때도 있다. 그러다 체할 때 소화가 안 되는 것처럼 책 읽는 걸 쉬고 싶어진다. 그럴 땐 며칠 머리를 식히며 굳이 읽지 않는다. 약속도 잡고 영상도 본다. 시간이 지나 책이 궁금해지면 서점이나 도서관에 간다. 그냥 구경하는 거다. 집에 읽을 책이 많아도 새로운 공간에서 책을 구경하다 보면 표지나 제목, 목차를 읽는 것만으로도 재밌다. 회복할 때 위장에 부담되는 음식을 바로 먹지 않듯, 읽기 쉽고 비교적 내용이 가벼운 책으로 다시 읽는다. 내 경우 200쪽 이하의 책 또는 시집이나 만화 에세이를 골라 읽는다. 차츰 긴 글이 다시 익숙해지면 호흡이 긴 책을 읽기 시작한다. 또한 모든 책을 완독하려는 부담을 내려놓는다. 목차를 보고 필요한 부분만 읽을 때도 있고, 중간에 멈추고 다른 책을 읽다가 몇 달 뒤에 다시 읽기도 한다. 중요한 건 많은 책을 완독하기보다 몇 문장이라도 꾸준히 읽고 내 마음에 담아두는 일이니까.

셋째, 매일 새벽에 일어나지 않아도 괜찮다.

미라클 모닝으로 하루를 시작하는 일의 가치와 효과를 익히 알고 있다. 하지만 체력과 면역력이 받쳐주지 않은 상태에서는 하루가 더 피곤해진다. 사람마다 몸 상태와 선호 시간이 다르다. 나는 새벽까지는 아니어도 직장 다닐 때는 오전 6시 30분쯤 일어나는 게 가장 편안하다. 그보다 하루 일상 중에 잠깐씩 빈 시간을 활용하는 편이 나을 때도 있다. 주말은 충분히 자고 쉬며 체력과 에너지를 보충한다.

넷째, 매번 혼자 하지는 않는다.

혼자 꾸준히 실천하기 힘들어질 때가 생겨서 모임에 의지한다. 개인마다 취약하거나 빨리 포기하고 싶은 영역이 있다. 내 경우엔 운동과 영어 공부가 해당한다. 또 책 읽고 혼자 상념에 머물기보다 모임을 통해 생각을 나누면 내 세상이 확장된다. 혼자만의 시간이 중요하지만 우리는 사실 연결된 혼자다. 그 유대감이 다시 나를 움직이게 한다.

다섯째, 블로그에 자주 글을 쓰되 수익화하지 않는다.

솔직히 광고를 넣고 수익을 기대했다면 아마 지금보다 더 자주 더 많은 글을 썼을지도 모른다. 부업으로도 손색없다. 나도 필요한 정보를 위해 검색하고 누군가의 글로 도움받으며 살고 있으니 말이다. 좋아하는 블로그 글에 포함된 광고를 클릭할 때도 있다. 좋은 콘텐츠를 생산하는 영상 채널은 시간을 들여 광고영상을 기꺼이 봐준다. 그런데도 내가 글에 광고를 넣지 않는 이유는 무엇일까. 처음부터 글 대부분이 정보를 전달하는 목적이 아니라 개인적인 기록이었고 8년째인 지금도 크게 달라지지는 않았다. 좋은 글로 수익을 낼 수 있다면 가장 좋겠지만, 혹시 누군가 정말 필요하지 않은데 충분히 고민해 보지 않고 구매하게끔 하는 통로가 되지 않기를 바랐다. 이웃이 방문해 내 글을 읽으며 광고로 흐름을 방해받지 않았으면 좋겠다. 언젠가는 수익을 위한 창구로 활용할 수도 있겠지만 아직 이 결정에 흔들림은 없다.

물론 모든 일을 매일 하면 가끔 할 때보다 성취 결과가 좋다. 일주일에 한두 번 운동하는 사람보다 매일 실천하는 사람의 근력과 지구력이 높을 것이다. 가끔 읽고 쓰는 사람보다 매일 읽고 쓰는 사람의 독서력과 문장력이 뛰어날 터다.

유익한 글을 자주 발행할 때마다 수익을 창출할 수도 있다. 하지만 나는 무리하지 않는 선에서 내 남은 살아갈 날을 오랫동안 달리고, 읽고, 공부하고, 쓰고 싶다. 그래서 때때로 '하지 않음'을 선택한다. 어쩌면 나를 돌보는 가장 편안한 방식이 아닐까? 하지 않음을 선택하는 내가, 오히려 오랫동안 지속하는 사람이다.

일이 삶 전체가 되지 않아야 한다. 그러려면 계속하는 힘도 중요하지만, 멈추는 용기 역시 삶을 지속하는 데 꼭 필요하다. 우리는 성실하고 부지런히 살아야 한다는 강박 속에서 때로는 자기를 소모하며 버티곤 한다. 매일 전력 질주할 수는 없다. 가끔은 속도를 줄이고 의도적으로 한 박자 쉬어가 보자. 삶이 더 유연해진다. 하지 않기로 선택하는 순간 나는 삶의 방향과 속도를 스스로 결정하는 주체가 된다. 하지 않아도 괜찮다는 자유가 나와 당신을 더 오래, 더 멀리 가게 해 줄 거라고 믿는다.

우리는 성실함과 꾸준함이라는 명목으로 자신을 몰아붙이며 버티는 삶을 선택할 때도 있습니다. 하지만 진짜 꾸준함은 자신에게 맞는 리듬을 찾고 '지금은 멈춰도 괜찮다.'라고 여기는 데서 비롯됩니다. 하고 싶지 않을 때는 하지 않을 자유, 그 안에 깃든 회복의 가치야말로 우리 삶을 더욱 유연하게 만듭니다. 멈추어야 다시 나아갈 수 있다는 이 단순한 진리를 오늘도 삶에 적용해 봅니다.

더 빛날 당신을 위한 질문

Q. 당신은 '하지 않음'을 선택하면서 회복했던 경험이 있나요?

2

마흔, 다시 뛰는
내 몸의 선언

 학창 시절 100m 달리기는 18초대였다. 그런데 근력과 지구력이 낮아 중학생 때 오래달리기를 마친 뒤 쓰러졌다. 체력장에선 거의 모든 종목이 꼴찌였다. 극복하려는 생각보다 그저 피하고 싶었다. 난 원래 달리기를 못하는 사람이라고 여겼다. 빈혈이 있는 건 좋은 핑계였고. 이후로도 삶의 우선순위에서 체력을 키우는 일은 한참 밀려 있었다.

 아이 둘을 낳고 나서 체력은 급격히 떨어졌다. 30대 중반, 같은 학교 교사들과 함께 일주일에 한 번씩 2년 가까이 필라테스를 배웠다. 하지만 그룹 수업이다 보니 요령을 피우기 일쑤였다. 솔직히 땀을 흠뻑 흘려본 적도 없었다. 함께 필라테스했던 선배 교사 H는 풀코스 마라토너였다. 복도에서 마주칠 때마다 내게 "조 선생님, 배에 힘주고 등은 펴고 걸어야지."라고 말했다. 나는 몰랐다. 등과 배에 근육이 없으면 걸음걸이도 구부정해진다는 걸. 그녀는 달리기를 권유하며 5km 마라톤은 아이들과 함께해도 좋다고 했다. 800m 달리기조차 꼴찌였는데 5km라니. 내가 꿈쩍도 하지 않으니, 어느 날은 퇴근 후에 우리 아들 둘과 집 근처 운동장에서 함께 뛰고 본인의 메달 하나를 선물로 주고 갔다. 우리는 서로 다른 학교에 발령받아 헤어졌다. 달리기는 기억에서 멀어지고, 그렇게 4년이 흘렀다.

빈혈이 심해 철분 수치가 정상에 한참 못 미치는 바람에 철분제를 복용했다. 저혈압으로 자주 어지러웠다. 담낭 절제술을 받고 담즙 배출이 없어 지방분해가 되지 않았고 기름진 음식을 먹으면 얼마 지나지 않아 화장실로 달려갔다. 면역력이 낮아져 생전 없던 질환도 생겼고 퇴근하면 침대에 누워 지냈다. 더 이상 이렇게 살 수는 없다고 생각하던 차에 휴직의 기회가 찾아왔다. 둘째 아이가 초등학교 입학하는 시기. 우리 가정에 필요한 건 1년 치 월급이 아니었다. 남편 퇴근할 때 웃으며 반겨주는 아내, 아이들의 하루를 다정하게 물어봐 주는 몸과 마음이 건강한 엄마가 필요했다.

휴직하자마자 아파트 헬스장에 등록했다. 러닝과 근력 운동은 같은 아파트에 사는 혜원 씨에게 배웠다. 러닝머신 위에서 뛰는 모습뿐만 아니라 콧잔등에 맺힌 땀마저도 매력적인 사람. 나는 그렇게 따라 달리기 시작했다. 몰랐다. 러닝머신 위에서도 멀미가 난다는 걸. 그래도 계속 달렸다. 처음엔 10분, 2주 뒤엔 15분, 한 달 뒤엔 20분. 짧다면 짧은 시간이지만 격렬한 운동이 익숙하지 않은 내겐 숨이 턱까지 차올랐다. 다리가 후들거리고, 머리는 핑 돌았다. 얼굴은 땀으로 범벅이 되고, 등줄기와 가슴에는 땀방울이 비처럼 흘러내렸다. 처음 느껴보는 뜨거움이었다. 헬스장에서 나와 아파트 단지를 달렸다. 스스로 땅을 박차면서 달린다는 사실에 놀랐다. 혼자 운동하다가 금방 시들해지지 않기 위한 방법을 찾았다. 블로그 이웃의 운동 인증 모집 글을 보고 '엄마의 운동장' 프로젝트에 신청했다. 현재까지 1년 넘게 월 20회 이상 인증하고 있다.

　헬스장에 다니며 체력에 관한 에세이 『마녀체력』을 읽던 중, 마라톤에 나갔다는 저자의 에피소드가 눈에 띄었다. 가슴속에 작은 파도가 일렁였다. 이대로라면 가장 짧은 거리인 5km 코스는 도전할 수 있을 것 같았다. 컴퓨터를 켜고 검색을 시작했다. 검색어는 '마라톤 일정.' 올해 마라톤이 날짜 순서대로 정렬되었다. 그중에 나에게 맞는 일정을 찾기 시작했다. 교회 예배에 참석해야 해서 대회가 토요일이어야 했다. 주로 오전 7시 집합이니 장소는 집에서 가까운 수도권이어야 했고, 첫 참가인만큼 참가 부문에 5km 코스가 있길 바랐다. 이 뜨거운 마음이 식기 전에 달릴 수 있는 두 달 안의 일정을 찾았다. 마지막으로 이런 내 각오와 달라진 모습을 가족에게 보여주며 함께 참가하고 싶었다. 온라인 신청 페이지에서 접수를 클릭하기까지 걸린 시간은 약 10분. 고민은 짧았다.

마라톤 일주일 전 푸른색의 기념 티셔츠, 스포츠 양말, 토시 그리고 배 번호가 택배로 배송되었다. 배 번호 가운데에는 '조이패밀리'라고 인쇄되어 있었다. 온라인 접수할 때 '가족련' 부문은 가족 명을 신청받았는데, 우리 가족의 성씨와 기쁨을 뜻하는 영어단어인 조이(joy)를 합쳐서 지었다. 마라톤 하루 전까지 아이들과 아파트 단지를 몇 차례 달렸다. 이제 20분을 넘어 30분까지 달릴 수 있었다. 드디어 마라톤 당일. 가장 오래 뛰는 하프부터 10km, 5km 순으로 출발했다. 진행자의 안내에 맞춰 함성을 질렀다. 오천 명이 넘는 참가자가 차례로 발을 내디뎠다. 해안도로를 따라 달리는 코스. 어린아이부터 노인들까지 자기 페이스대로 뛰었다. 우리 가족의 도착 목표 시간은 50분. 뛰다가 걸어도 되니 포기하지만 말자고 약속했다. 사람이 많아 처음엔 빠르게 걸었고, 5분쯤 지나 뛰기 시작했다. 15분쯤 뛰니 호흡이 안정됐다. 2.5km 깃발이 앞에 보였다. 반환점이다. 지금까지 달린 만큼 한 번 더 달리면 된다고 생각하니 힘이 났다. 10km 참가자들은 벌써 우리를 지나쳐 달렸다. 무리해서 따라가지 않았다. 숨이 찼다. '포기하지 말자.' 수없이 되뇌었다. 내 목표는 빠른 기록이 아니라 무사히 끝까지 달리는 것이니까.

결승선에 다다랐다. "완주했다! 성공했어!" 가쁜 숨을 내뱉었다. 우리 가족은 40분을 조금 넘겨 도착했다. 벌건 얼굴, 다리까지 흐르는 땀, 헝클어진 머리. 그 모습 그대로 기념사진을 남겼다. 빛나는 완주 메달과 함께. 음료수와 단팥빵을 받아 바닥에 자리 잡고 앉았다. 숨을 고르기도 전에 이온 음료를 단숨에 마시고 단팥빵을 한 입 베어 물었다. 봄바람이 불어와 땀으로 젖은 티셔츠가 금세 말랐다.

"여보, 애들아. 우리 또 달리자!"

오래달리기에서 꼴찌하고 쓰러졌던 여학생은 이제 없다. 목표를 달성한 멋진 여성이 미소 지으며 숨을 고르고 있을 뿐. 혼자 달리던 나에게 오천 명의 사람들과 함께 달린 순간은 잊지 못할 경험이다.

같은 해 가을, 두 번째 마라톤에 나가 완주했다. SNS에 사진과 소감을 올렸는데 몇 시간 되지 않아 댓글이 하나 달렸다. 내게 마라톤을 권유했던 H 선배였다. 놀랍게도 선배 역시 같은 장소에 있었다. 그녀는 누구보다 내 변화를 기뻐했다. 나도 몇 년 안에 10km를 뛰고 있을지, 10년 뒤엔 하프마라톤에 도전하고 있을지 모를 일이다. 이렇게 우리는 누군가와 어떤 식으로든 끊임없이 이어져 있다.

1년이 흘렀다. 우리 가족은 꾸준히 마라톤 대회에 참가해 네 번째 완주 메달을 목에 걸었다. 마라톤에 관해 묻는 동료 교사에게 정보를 알려줬고, 동네 친구 가족이 신청해 함께 5km를 완주했다. 내 몸의 선언이 다른 이의 땀방울이 되었다는 소식을 들으니 내가 완주했을 때보다 더 큰 기쁨이었다.

한 발 한 발 땅을 딛으며 배운다. 숨이 차도, 넘어져도 괜찮다. 나는 지금 살아 있으니까. 그리고 내 옆에 누군가와 함께라는 사실만으로도 충분히 빛나는 삶이다.

삶은 스스로 한계를 긋고 안전지대에 머물더라도 조금씩 선을 넘으며 자신을 확장해 가는 여정입니다. 숨이 차고 땀이 흐른다는 건 살아 있다는 증거입니다. 매일 내 몸으로 '가능성'을 갱신하며 살아 있다는 사실을 온몸으로 확인할 수 있습니다. 운동화 끈을 조이고 내딛는 한 걸음이 나를 새롭게 정의해줍니다. 몸이 변화하면 마음도 변하고 삶의 풍경도 달라집니다. 이제 누구보다 나 자신을 믿고 말해줍시다. 나는 충분히 강하며 빛나고 있다고. 나는 혼자가 아니라고.

더 빛날 당신을 위한 질문

Q. 당신은 요즘 스스로 한계를 정하는 일이 있나요? 한 발 내디딜 수 있다면 어떤 풍경을 마주하고 싶나요?

✦ 3 ✦

심야 책방,
사람 책을 읽는 시간

"지혜 님은 어떻게 생각하세요? 등장인물 중 누구에게 가장 공감하셨나요?"

화면 속에서 익숙한 얼굴이 묻는다. 매달 둘째 주 목요일 밤 10시, '심야 책방'이 열린다. 심야 책방은 깊은 밤 심도 있고 야무진 엄마들의 독서 모임이라는 뜻으로, 고학년 동화와 청소년 문학을 읽고 비경쟁 자유 토론하는 온라인 모임이다. 첫째 아이가 4학년 마칠 때까지 영어학원을 보내지 않고 '엄마표 영어'를 진행했었다. 혼자 하기 어려우니 수리수리마수리라는 블로그를 통해 전국 각지에 사는 엄마들과 정보도 공유하고 읽은 책을 인증하며 몇 년 동안 친분을 맺었다. 아이들 고전 읽기도 함께 진행했다. 그러던 중 한 구성원이 사춘기를 앞둔 아이와 대화를 돕는 연습의 장으로 '엄마의 책 모임'을 제안했다. 2023년 1월, 나를 포함해 마음이 동하는 18

명이 시작했고, 2년 6개월이 지난 현재는 7명이 함께 모임을 지속하고 있다.

  시작할 때는 아이가 앞으로 읽을 책을 미리 읽어보는 경험에 방점이 있었다. 큰 욕심 없이 자연스럽게 책에 관해 대화할 수 있기를 기대했다. 그런데 세 번째 모임까지 이루어지고 나니 목표가 조금 더 명확해졌다. 바로 자기 생각과 느낌을 이야기하는 새로운 경험이다. 그동안 다들 아이 책 읽어주느라 엄마 책 읽는 시간을 내기 어려웠는데 청소년 문학이나 고학년 동화가 대안이 됐다. 먼저 모든 구성원이 추천하여 만든 목록을 공유한다. 기한 내에 지정된 책을 읽고 소감을 댓글로 나눈다. 마지막으로 화상채팅에서 만나 소감 및 발제문에 관한 생각을 나눈다. 회원들의 댓글을 읽는 것만으로도 사고의 확장이 있었다. 늦은 밤 피곤함을 무릅쓰고 만나 얼굴 보며 나누는 대화에서 더욱 깊은 깨달음과 배움이 일어났다.

  이 구성원들은 몇 년간 한글과 영어 그림책, 문고를 읽어주며 아이들의 정서적, 지적 성장을 꾀했다. 매일 아이와 빠짐없이 책 읽는 이들은 방대한 지식과 더불어 얼마나 다양한 유익을 얻었겠는가. 이젠 자기 책을 읽기 시작했다. 성인 책은 아니지만 이렇게 꾸준히 읽다 보면 갈급한 누군가는 또 다른 책을 찾아 읽으며 자신만의 '책 길'을 걷게 될 것이다. 그 길에서 사람과 상황을 만나고 다시 모임 안에서 발견한 자신을 타인에게 드러내며 지경을 넓혀갈 테고.

지정 도서를 기한 내에 읽는 행위, 나눔을 위한 질문을 만들고 소감을 기록하는 일, 얼굴을 드러내고 독서 모임에 참여하는 시간. 모두 용기가 필요하다. 의지를 행동으로 옮기는 실천에 용기가 더해지면 내가 생각지도 못한 선물을 받게 된다. 독서 모임을 통해 내가 받은 선물은 다음과 같다.

첫째, 생각을 말로 표현할 때 즉흥적인 나를 발견한다.

때로는 실수하거나 머뭇거리고 엉뚱하게 대답할까 봐 가슴이 두근거린다. 그런 내 모습이 창피할 때도 있지만 모임을 거듭할수록 심리적 안전감이 생겨 책의 주제와 관련된 내 상처도 드러낼 수 있었다. 미리 생각했던 내용을 가지고 참여해도 다른 사람의 이야기를 들으며 갑자기 내 경험이 떠오르기도 했다. 이야기를 나누다가 내 생각이 정리되어 말로 표현할 때도 있다. 고쳐 쓸 수 있는 글쓰기와는 달리 날것의 매력이다.

둘째, 다른 사람의 눈과 귀와 입으로 책을 다시 읽는 기회다.

나는 책 읽고 혼자 한 생각을 기록하기 좋아했다. 그런데 같은 책을 읽은 다른 사람의 생각과 감정을 귀로 듣고 나니 책이 다채롭게 느껴졌다. 내가 밑줄 긋지 않았던 문장이 누군가에겐 가장 마음에 남았다고 하면 다시 책을 펼쳐본다. 잘 이해되지 않았던 내용도 다른 생각과 만나면 실마리가 풀린다. 나 또한 소감을 말하면서 한 번 더 읽는 효과를 누린다. 기록하지 않은 책보다 기록한 책이 오래 기억에 남듯이 기록에 더해 대화까지 나누면 훨씬 오랫동안 기억하게 된다.

셋째, 내 이야기를 경청해 주는 사람들과의 대화다.

대면 모임이 아닌데도 회원들의 따뜻한 눈빛과 공감의 제스처, 고개 끄덕임 등이 마음에 남았다. 미국의 심리학자 메라비언 교수의 연구에 따르면, 상대방의 이미지를 결정하는 데 목소리는 38%, 보디랭귀지는 55%, 말의 내용은 7%에 불과하다는 결과가 있다. 의사소통에서 내용보다도 비언어적 요소인 시각과 청각이 93%를 차지한다는 사실을 독서 모임에 참여하면서도 느낄 수 있었다.

강원임의 『엄마의 책모임』 속 문장이다.

"책 모임을 하면서 참가자 모두 하나의 사람 책이었음을 느꼈다. 단순한 친목 모임에서 만났다면 이렇게 느끼지 못했을 것이다. 오랫동안 알고 지냈어도 그 사람이 가진 생각과 가치관, 철학보다 그 사람이 겪었던 사건과 배경만 기억되는 경우가 있기 때문이다. 책 모임은 자신만의 소신 있는 철학과 사유가 공유되는 곳이다 보니 몇 번만 함께 토론해도 그 사람이 삶을 대하는 태도나 철학을 엿볼 수 있다."

2년 넘게 만나다 보니 나이도 사는 지역도 다르지만 서로 친구가 되었다. 구성원이 줄어들면서 지금은 모두가 돌아가며 발제와 진행을 맡는다. 어느 모임이든 리더의 역할이 중요하지만, 구성원들이 이 모임이 필요한지 또 소중하다고 여기는지도 중요하다. "자신 없지만 한번 해볼게요." 이 말을 들을 때 가슴이 찡하다. 매번 책 읽기를 독려하고 모임 시간을 상기시키는 리더의 부담을 나눠 가지는 마음의 소리니까. 때로는 책을 읽어도 기대한 만큼 성장하지 않는 것만 같다. 하지만 책을 읽고 난 뒤의 나는 분명 책을 읽기 전과는 조금이라도 달라져 있을 거라는 믿음이 생겼다. 그 믿음은 오늘도 책을 읽으며 독서 모임 하는 이들의 삶 속에 실현될 것이다. 일 년 가까이 또 하나의 독서 서평 모임에 참여하고 있다. 글쓰기 동료들과 한 달에 한 번 온라인에서 만나는 '백작천무'다. 특히 이 모임의 책은 글쓰기 코치가 선정하는데 평소 내 취향으로는 선택하지 않았을 책을 만난다. 읽고 요약하고 서평 쓴 뒤 발표하며 생각과 경험의 지평을 넓힐 수 있다. 올해는 내가 근무하는 학교 교사 독서 동아리에 한 달에 한 번 참석한다. 직장에서 하는 독서 모임은 처음이라 아직 어색하고 긴장된다. 그래도 새로운 회로가 생겼다. 지금은 중단한 지역 특수교사 독서모임도 다시 시작하면 좋겠다.

  같은 생각, 같은 마음일 수가 없어서 궁금한 댓글. 완독 못 해도 가서 듣고 싶은 사람들의 이야기. 함께 울고 웃으며 이야기 나누는 환대의 시간. 삶과 지혜를 나눠주는 사람들. 오늘도 책과 사람을 통해 삶을 배우는 이 길이 참 고맙다. 책을 함께 읽는다는 건, 서로 삶을 읽어주는 일이다. 오늘도 '사람 책' 읽으러 독서 모임에 간다.

책을 읽는다는 건 단지 활자를 따라가는 일이 아닙니다. 우리는 한 권의 책에서 세상을 배우고, 한 사람의 말에서 삶의 방향을 발견하며, 이야기를 통해 자신을 다시 씁니다. 책을 읽는 손끝에서 사람을 만지고 사람을 통해 책을 새롭게 읽을 수도 있습니다. 책을 함께 읽는 시간은 곧 살아 있는 사람 책을 한 장 한 장 넘기며 나와 세상을 연결 짓는 연습이 아닐까요? 읽고 나누는 삶이 우리를 조금씩 더 나은 사람으로 바꿔놓을 수 있습니다.

더 빛날 당신을 위한 질문

Q. 최근에 당신이 읽은 '사람 책'은 누구였으며, 그 사람에게 어떤 삶의 문장을 배웠나요?

✦ 4 ✦

문을 열면
그만인걸

"하나의 문이 닫히면 또 다른 문이 열린다. 그러니 더 이상 고민하지 말고 그냥 재미있게 살았으면 좋겠다."

정신분석 전문의로 일하며 마흔셋에 파킨슨병을 진단받은 김혜남 박사의 『만일 내가 인생을 다시 산다면』의 한 문장이다. 나는 그동안 다양한 역할에 최선을 다했지만, 인생을 숙제처럼 살아왔다. 마흔 이후의 삶은 선물처럼 살고 싶었다.

2023년 겨울, 대학원 입학원서를 접수했다. 독서교육을 깊이 있게 공부하고 싶었다. 직접 사무실로 찾아가 서류 제출까지 했는데 결국 면접을 포기했다.

"안녕하세요, 선생님. 면접 시작했는데 아직 도착하지 않으셔서 연락드립니다. 언제쯤 오시는 걸까요?"

"하…. 죄송합니다. 저 못 갈 것 같아요."

집에서 가까워서 퇴근하고 다니기 편한 학교였고, 몇 년 전부터 마음에 품던 전공이었다. 문제는 다른 데 있었다. 남편이 완강히 반대했다. 내 건강을 걱정했고, 아이들이 방치될까 염려했다. 이미 석사 학위를 가진 상황에서 굳이 다른 전공으로 다시 시작할 필요가 있냐고 물었다. 사실 내 몸은 건강하지 않았다. 퇴근하면 바로 누울 정도였고, 병가도 냈고, 약도 많이 먹던 시기였다. 그래서 더 마음이 조급했던 건지도 모른다. 침대에 누워 있는 내게 퇴근한 남편이 다가왔다. 아무 말 없이 물끄러미 바라보다가 말했다.

"그렇게 하고 싶으면 해야지. 나는 그냥… 당신 건강이 정말 걱정돼서 그랬어."

눈을 마주치면 눈물이 쏟아질 것만 같아 이불만 쳐다봤다. 남편의 반대엔 경제적인 부분도 있었다. 육아휴직을 시작하면 수입도 없는데 장학금을 받는다고 해도 몇백만 원이 필요했다. 한 해 동안 옷을 한 벌도 사지 않을 거고 외식도 줄여 집에서 요리하겠다고 말했다. 두 아이 사교육은 예체능을 제외하고 집에서 교육하며 내 건강도 잘 챙기겠다고 설득했다. 하지만 남편은 내가 건강한 몸과 마음으로 육아휴직의 명분을 지켜주길 바랐다. 본인이 출장을 자주 다니니 가정생활에 신경 써줬으면 좋겠다고 말했다. 저축과 투자로 함께 노후를 준비하자고 부탁했다. 그러면서 내게 노트북을 하나 선물해 줬다. 쓰고 싶은 글 마음껏 쓰라고. 이 선택도 떠밀려 하고 싶지 않아 좀 기다려 달라고 말했다.

결국 나는 문 앞에서 돌아섰다. 잠시 멈추어 눈물을 흘렸지만 얼른 닦고 다른 문 앞에 섰다. 바로 '글쓰기' 공부다. 내가 미처 생각하지 못한 더 많은 가능성이 기다린다는 사실을 믿기로 했다. 재밌게 한 해를 보내는 건강한 마흔이 되기로 결심했다.

글쓰기 모임에 들어갔다. 일주일에 한 번 줌(zoom)으로 코치에게 글의 구조 및 실용적인 글쓰기 방법을 배우고 자주 동기를 부여받았다. 왜 글을 쓰면 좋은지, 어떻게 쓰면 독자에게 효과적으로 닿을지 고민하는 시간이 생겼다. 글이 나뿐만 아니라 타인을 도울 수 있다는 사실도 알아갔다. 동료들도 여럿 생겼다. 혼자 한 권의 책을 바로 출간하기보다 공동저자로 한 권의 책을 완성하는 경험도 주어졌다. 2024년 12월에는 『모든 순간마다 선택은 옳았다』를, 2025년 4월에는 『평범한 날들을 특별하게 만드는 글쓰기』를 출간했다. 두 책의 제목처럼 인생의 갈림길에서 포기한 것이 아니라 쓰는 삶을 선택했다. 학위 논문 저자가 되지는 못했지만, 에세이 출간 작가가 됐다.

> *"꿈이 있고, 해야 할 일이 있고, 하고 싶은 일이 있잖아. 문이 닫혀 있으면 어때. 그 문을 열면 그만인걸."*

몇 달 전 대학로에서 관람했던 연극 〈백스테이지〉(극본 이현수)의 대사다. 배우가 딱 둘뿐이었는데 한 명은 무대를 꿈꾸며 일상을 살아가는 연기자고, 다른 한 명은 평범한 일상을 꿈꾸며 무대 위에서 살아가는 연기자였다. 무대 위에서만 의미 있는 삶인 걸까, 무대 밖이 진짜 의미 있는 삶인 걸까. 어쩌면 무대 뒤에서 준비하는 과정을 지켜보고 무대 앞에서는 관객으로서 바라보는 삶이 우리 모두에게 필요한 건 아닐까.

공연장에 늦게 도착해 이미 시작된 무대에 뒤늦게 들어서는 '지연 관객.' 그들은 같은 공연을 보지만 미리 자리를 잡고 앉아 있던 관객과는 다른 풍경 속에 있다. 음악의 도입부를 놓쳤고 조명이 바뀌는 순간의 설렘도 조금 늦게 맞이한다. 하지만 문이 열리고 들어서는 순간부터 그 역시 분명 관객이 된다.

나는 대학원 면접장 앞에서 문을 열지 못했지만, 글쓰기라는 세상에 조금 늦게 지연 관객처럼 들어섰다. 무대 위 배우는 아니어도 관객석에 앉아 있었다. 뒤늦게 들어와 자리를 잡은 나는 이제 무대의 또 다른 장면을 함께 살아가고 있다.

 마흔이 넘은 지금도 나는 여전히 꿈꾼다. 해야 할 일도 많고, 하고 싶은 일도 생긴다. 그 사실이야말로 내 삶을 여전히 사랑한다는 증거가 아닐까. 나는 여전히 묻는다. 나는 문밖에 있는 걸까 들어와 있는 걸까? 닫힌 문을 두드리는 사람일까 이미 들어온 관객일까, 아니면 무대 위의 배우일까? 백스테이지를 경험한 이상 우리는 언제든 무대 위에서, 무대 뒤에서, 혹은 관객석에서 삶을 바라보며 살아간다. 설령 조금 늦게 들어섰더라도 문을 열고 들어가는 순간부터 나의 무대다.

 살다 보면 닫힌 문 앞에 멈춰 서기도 한다. 닫힌 문은 오히려 방향을 바꾸어 새로운 문으로 향하는 출발점이 될 수 있다. 우리 삶에도 지연 관객을 위한 문은 언제나 열려 있다.

우리는 삶이라는 무대에서 때로는 배우, 때로는 관객 혹은 아직 문밖에서 머뭇거리는 지연 관객입니다. 어떤 문을 늦게 열었다고 해서 무대가 덜 소중한 것은 아닙니다. 늦게 들어선 자리에도 여전히 새로운 빛이 비치고, 뒤늦게 만나는 장면에서도 감동과 의미를 발견할 수 있지요. 중요한 것은 문을 여는 용기입니다. 누군가는 일찍 자리를 잡아 앉고 누군가는 이제 막 들어서지만 모두 함께 삶을 살아가는 소중한 관객이자 배우죠. 닫힌 문은 끝이 아니라 새로운 무대를 준비하는 막간일 뿐입니다.

더 빛날 당신을 위한 질문

Q. 당신의 문밖에 어떤 무대가 있나요? 문을 열고 들어서기 위해 지금 할 수 있는 작은 한 걸음은 무엇일까요?

5

나만의 방,
나만의 문장

  삶의 갈림길에서 새로운 문을 열던 무렵 나는 이전과는 전혀 다른 방식으로 나를 표현할 수 있는 '또 다른 문장'을 만났다. 바로 글을 쓰는 여성들의 이야기였다. 영국의 소설가 버지니아 울프가 『자기만의 방』에서 말했듯, 여성이 자기만의 공간과 시간을 갖는 일은 정체성을 지켜내는 첫걸음이다.

  우리 집 거실 테이블 한 귀퉁이에는 내 노트북과 독서대 그리고 몇 권의 책이 놓여 있다. 내가 가장 좋아하고 오래 머무는 자리다. 서재나 안방 화장대를 쓸 수도 있었다. 하지만 아이들이 주로 생활하는 공간과 완전히 분리되기보다는 가끔 그들을 살펴보며 내 시간에 집중하기로 했다. 사람마다 혼자 보내는 물리적 공간과 시간을 선택하는 이유는 다르다. 자기만의 방은 물리적 공간이자 동시에 타인의 기대에서 벗어나 오롯이 나를 마주하는 심리적 공간이기도 하다.

마흔이 넘은 지금, 내 시간을 어떻게 쓰면 좋을까 자주 고민한다. 그리고 결국 '가장 생산적인 일은 글쓰기'라는 생각에 이르렀다. 혼자 있는 시간은 내면의 목소리를 듣는 기회다. 타인의 소리가 끊임없이 들리는 세상에서 숨겨진 내 진짜 목소리를 찾는 일은 쉽지 않다. 혼자 있을 때 나는 마음 깊은 곳에서 우러나오는 생각을 글로 쏟아내기 시작한다. 글쓰기는 내가 느끼고 생각하는 바를 정리하고, 세상과 소통하는 중요한 방식이다.

 혼란스러운 감정이나 생각들이 문장으로 정리되면, 그동안 놓치고 있던 삶의 의미가 드러나기 시작한다. 글쓰기는 그 자체로 나와의 대화이자 나를 발견하는 과정이다. 내 삶의 의미와 방향을 더 분명하게 잡을 수 있다. 타인의 시선에 휘둘리지 않고 내 삶의 이야기를 써 내려가는 시간이야말로 나이 듦과 함께 찾아오는 지혜를 담아낼 수 있는 소중한 작업이다. 글쓰기는 현실에서 도망가려는 나를 붙잡아 주었고, 한없이 바닥으로 가라앉을 때 묵묵히 함께해 주었다. 욕심으로 아이를 키우려던 마음에서 한 발짝 물러서도록 해준 것도 글쓰기였다.

 글을 쓰기 시작했을 때 아이들이 서운해할까 봐 걱정했다. 다행히 초등학교 고학년이 된 첫째 아이는 "자유다!"라고 말했다. 아직 어린 둘째 아이는 서운해했다. "엄마, 여기 좀 봐요. 노트북 말고요."라는 볼멘소리를 자주 듣기도 했다. 시간이 흐르고 아이들은 "엄마, 글 쓸 거죠?"라며 방으로 들어갔다. 자기들 할 일 끝내고 나면 만화를 보거나 컴퓨터 게임을 한다. 둘째 아이도 내 잔소리를 듣는 것보다는 혼자 시간을 보내는 게 편하다고 한다.

어쩌면 내가 나를 돌보는 모습이 아이들에게도 가장 좋은 본보기가 되는 것은 아닐까. 누군가를 진심으로 돌보기 위해서는 먼저 나를 돌봐야 한다는 사실을 아이들과 함께 살아가는 삶 속에서 서서히 배우고 있다. 남자에게 자기만의 동굴이 필요한 것처럼, 두 아들이 나중에 결혼해서도 아내의 시간을 존중해 줄 수 있길 바란다.

생산자가 아니면 소비자라는 이분법적 생각을 깨뜨려 준 문장이 있다.

"생산자인 것도 좋지만 향유자일 때 백배 행복하다. 향유라는 단어 자체가 입안에서 향기롭다."

- 정세랑, 『지구인만큼 지구를 사랑할 순 없어』

혼자 글을 쓰는 동안 문득 깨달았다. 독서와 글쓰기는 단순히 생산하거나 소비하는 행위가 아니라 그 글을 '향유'하는 일이라는 걸. 나는 독자이자 작가이자 향유자다. 글을 쓰지 않고는 견딜 수 없는 누군가가 있다면 나는 기꺼이 그의 독자가 되어 이야기를 끝없이 따라가고 싶다. 비록 내가 작가로서의 운명을 타고나지 않았다 하더라도 누군가의 문장을 읽고 그 안에 머무르는 것만으로도 행복하다. 우리는 모두 누군가의 글을 읽고 또 나만의 글을 쓰며 살아가는 향유자가 될 수 있다. 문학을 창작해내진 못해도 향유자가 될 수 있다는 사실은 내 삶을 더욱 풍요롭게 가꿀 수 있다는 걸 의미한다. 저자들에게 고맙다. 나도 나만의 결을 가지고 주체적인 존재로 살아가고 싶다. 누군가의 아내이자 엄마지만, 한 사람으로서의 욕망과 두려움, 기쁨과 외로움을 품은 소설 속 그녀들처럼.

공저 두 권 출간하는 과정을 지켜본 지인이 물었다.

"그냥 블로그나 다이어리에 글을 써도 되는데, 굳이 책을 내고자 한 이유가 뭐예요?"

닫힌 문 앞에서 울고 있을 때 송숙희 글쓰기 코치의 『당신의 책을 가져라』를 읽고 가슴이 뛰었다.

"책을 쓰는 일은 당신의 존재 이유를 깨닫게 한다. 앞으로 어떻게 살아야 할지 알게 한다. 그러므로 책 쓰기는 삶이 주는 최고의 학위다. 더 이상 당신은 이력서도, 프로필도 필요 없게 된다. 당신 이름으로 된 버젓한 책 한 권이 당신의 모든 것을 말해주기 때문이다."

글쓰기 공부를 하던 중 부아C의 『마흔, 이제는 책을 쓸 시간』을 읽으며 다음 문장을 가슴에 새겼다.

"지금 당신은 과거의 자신에게 어떤 말을 하고 싶은가? 미래의 자신에게 어떤 말을 해주고 싶은가? 지금의 자신에게 어떤 말을 해주고 싶은가? 나에게 하고 싶은 당신 마음속, 영혼 속 목소리는 무엇인가? 그런 고민을 하면 나를 위한 글을 쓰게 된다. 그리고 그런 글이 당신을 위한, 타인을 위한, 세상을 위한 특별하고 가치 있는 글이 될 것이다."

내겐 두려움이 많았다. 짧은 글 안에 오해를 사지 않고 오롯한 마음을 표현할 수 있을지. 아무리 자기검열을 하지 않으려 해도 누군가에게 불편함을 주거나 배려하지 않는 글이 될까 봐. 무엇보다 겸손을 가장한 낮은 자존감 때문에. 하지만 내 글을 궁금해하고 블로그 글에 알림을 설정해 둔 이웃들이 있었다. 그들의 진심 어린 관심 덕분에 나는 깨달았다. 내 삶은 이미 아름답고, 가치 있고, 성공했다는 사실을. 글을 쓰면서 나는 두려움을 넘어 해방감을 느꼈다. 비판과 오해, 타인의 시선에서 완전히 자유로운 삶이란 아마 불가능할지도 모른다. 그래도 나는 내 곁의 소중한 사람들에게 흔적을 남기고 싶다.

나는 오늘도 두려움을 마주하며 한 줄 읽고, 한 줄 쓴다.
나만의 방에서, 나만의 목소리로.

우리는 모두 자기만의 방이 필요합니다. 육체의 공간이든 마음의 틈이든 나만의 문장을 적어 내려갈 수 있는 조용한 여백이 있어야 해요. 그곳에서 우리는 타인이 아닌 내면 깊은 곳에서 들리는 진짜 내 목소리를 발견할 수 있습니다. 나를 다시 일으켜 세우고, 세상과 연결해 주는 음성이죠. 글을 쓴다는 건 나 자신을 사랑하는 방법이자 내가 여전히 존재한다는 증표입니다. 오늘 당신의 방에서는 어떤 문장이 쓰이고 있을지 궁금합니다.

더 빛날 당신을 위한 질문

Q. 당신은 '나만의 방'을 가지고 있나요? 그 방에서 어떤 목소리를 가장 솔직하게 꺼내고 싶은가요?

✧ 6 ✧

가치 있는 사치,
나를 위한 생일

"여성이 글을 쓰려면 500파운드와 자기만의 방이 필요하다." 앞선 글에서 언급한 버지니아 울프의 말이다. 이 문장은 단지 글쓰기를 위한 조건만은 아니라고 생각한다. 고정적인 수입은 경제적 독립을 의미한다. 내가 번 돈의 일부는 나를 위해서도 사용할 수 있어야만 한다. 전업주부라도 가사 노동에 대한 비용을 고려해 숨 쉴 틈을 확보해야 한다.

"여보, 나 이번 생일은 내가 원하는 시간을 보내고 싶어."

생일에 가족과 함께하는 시간도 소중하지만, 나는 이 문장을 떠올리며 그날만큼은 나만을 위해 시간과 마음, 비용을 쓰기로 마음먹었다. '사치'가 아니라 '가치'로, '가치 있는 사치'라고 불러보기로 했다.

몇 년 전 2월, 생일날 마침 출근하지 않아도 됐다. 나와 생일이 며칠 차이인 현정이와 단둘이 하루를 보내기로 했다. 현정이는 직장에서 처음 만났는데 공통점이 많았다. 나이도 한 살 차이에 자란 지역도 같았고, 자녀들 나이도 같아서 공동육아도 함께 했던 사이다. 늘 아이들을 데리고 만나다가 둘이서만 만나니 그 시간이 더 특별했다. 먼저 기도원으로 향했다. 사실 예정에 없던 일이다. 우리 삶에 감사하고 싶어 첫 코스로 결정했다. '소중한 삶을 허락해 주셔서 감사합니다.' 조용한 기도로 특별한 하루를 시작했다. 드디어 도착한 꿈의 장소. 파주 출판단지 '지혜의 숲'이다. 아이들과 함께였다면 걸어 다녀라, 조용히 해라, 신경 쓰며 제대로 둘러보지 못했을 공간인데 조용히 책 구경만 해도 마음이 편안했다. 점심도 우리가 먹고 싶은 걸로만 주문했고, 서로 기념사진도 찍어줬다. 앙버터 소금빵에 커피를 곁들이며 최근에 읽은 책 내용도 나누었다. 3월부터 어떻게 하면 좋은 아내이자 엄마, 교사이자 '나'로 살 수 있을까 이야기했다. 마지막으로 아로마 오일 전신 마사지를 받으러 갔다. 그날 가장 큰 비용이 들었지만, 하나도 아깝지 않았다. 아이 낳고 수유할 때 받은 가슴 마사지 외엔 정말 오랜만이었다. 몸도 마음도 힐링하는 시간. 그날의 행복은 지금도 종종 떠오른다.

혼자인 시간은 자기 자신에게 주는 가장 큰 선물이다. 특히 엄마이자 아내, 직장인으로 살아가는 나 같은 사람에게는 더 그렇다. 가정과 일터에서 요구되는 역할을 충실히 해내다 보면 정작 '나'는 점점 흐릿해지기 쉽다. 단순한 휴식이 아니다. 내면의 목소리에 귀 기울이고, 숨을 고르고, 다시 방향을 잡는 소중한 시간이다. 가끔은 내 이름이 아닌 누구 엄마, 누구 아내, 선생님으로만 불리는 것 같아 내가 누구였는지 헷갈릴 때가 있었다. 내가 좋아했던 것들, 꿈꾸던 모습 그리고 지금 어디쯤 와 있는지를 되짚어보는 시간. 아주 사소한 취향 하나부터 지금 내 삶에서 진짜 중요한 게 무엇인지까지 돌아보게 된다.

마음의 여유는 혼자 있을 때 다시 채워진다. 매일 아이를 돌보고 가사를 책임지며 직장일까지 하다 보면 지치고 소진되기 마련이다. 그럴 때 혼자인 시간이 작은 쉼표가 된다. 혼자 카페에 앉아 커피 향을 맡으며 책을 읽거나 동네를 산책하면서 꽃이 피는 장소를 기억하거나 하늘을 올려다보며 달빛을 바라보는 순간들이 그렇다. 이런 순간들이 내 마음을 진정시키고 다시 웃을 수 있는 여유를 준다.

혼자 머물러야만 비로소 떠오르는 생각들이 있다. 반복되는 일상에서는 잘 보이지 않던 것들이 혼자 있는 시간에 문득 드러난다. 예전엔 미처 몰랐던 내 관심사나 좋아하는 것들 혹은 앞으로 해보고 싶은 일들이 선명해진다. 그런 시간이야말로 나를 확장하는 귀한 기회다.

혼자인 시간이 많을수록 가족과의 관계도 오히려 좋아진다. 지치고 고갈된 상태에서는 사랑조차 시들해지기 때문이다. 나를 잘 돌보아야 가족에게도 따뜻하게 다가갈 수 있다. 짧게 혼자 산책한 뒤에는 아이들이 짜증을 내도 더 여유롭게 받아들일 수 있다. 아이들 이야기를 듣는 마음의 여유도 생긴다.

그렇다고 종일 혼자여야 한다는 건 아니다. 하루 10분이라도 좋다. 중요한 건 혼자인 시간을 미리 계획하고, 스스로에게 허락하는 일이다. 생일 하루쯤 하고 싶은 일로만 가득 채워보는 일정도 좋다. 약간의 비용 들이는 걸 가족에게 미안해하지 말자. 대신 러닝화를 사면 일주일에 한 번이라도 신고 달리자. 가끔 손톱 정리 받으며, 매일 살림하는 내 손을 소중히 여기자. 아침마다 조용히 커피를 내리거나 차 우리는 시간을 통해 소중한 나를 지켜내자. 내 글을 쓸 엄두가 나지 않을 땐 좋은 문장이 담긴 책을 한 권 사서 필사하자. 엄마라고, 아내라고, 직장인이라고 해서 나를 위한 비용이 사치가 되는 것은 아니다. 이 시간이 있어야 더 나은 내가 될 수 있다.

  올해 생일은 오롯이 나만을 위한 시간을 가졌다. 2월 말까지 휴직 기간이지만 신학기를 준비하기 위해 학교로 출근했다. 나만의 방인 교실에서 다시 또 다른 나를 찾을 수 있다는 사실에 감사했다. 오래된 짐을 꺼내 버리고 청소하고 정리하면서 학생들의 손때 묻은 물건과 활동지, 교재를 발견했다. 교사들의 노고와 학생들의 애쓴 흔적이 고스란히 남아 있었다. 가치 있는 흔적들. 성인이 된 제자 P와 중학생이 된 제자 S에게 생일 축하한다는 연락을 받았다. 그들에게 오래 기억될 만큼 괜찮은 교사였는지 모르겠지만 내가 가치 있는 존재라고 말해주는 것만 같아서 기뻤다. 시어머니는 축하 용돈을 주셨고, 친정 부모님은 밥을 사주셨다. 부모님의 은혜에 감사했다. 몇 달간 틈틈이 써온 여정을 마무리하며 이 글을 썼다. 그 순간의 벅참과 뿌듯함은 어떤 선물보다 값졌다. 한 해를 살아내며 쌓아온 내 마음의 결을 고스란히 담은 글이었기에 더욱 의미 있었다. 출간 여부와 상관없이 글로 선물할 수 있어서 내 삶을 더 사랑하게 됐다. 그렇게 조용한 축하와 깊은 충만함 속에서 나에게 선물 같은 하루가 완성되었다.

요즘 나는 월급이 들어오면 꽃다발을 산다. 꽃을 고르고 구매해서 들고 와 꽃병에 꽂을 때까지 보내는 시간이 행복하다. 혼자인 시간은 사치가 아니라, 가치 있는 시간이다. 그 시간을 온전히 누릴 자격은 모두에게 있다.

"고독을 모르면서 나이들 수는 없다. 혼자인 채로 태어났으면서 애써 고독을 모른 체한다면 인생은 더 어렵고 더 꼬이며 점점 비틀린다. 고독의 터널 끝에 가보고 고독의 정점과 한계점을 밟고 서서 웃는 자만이 '혼자를 경영'할 줄 아는 세련된 사람이 된다."

- 이병률, 『혼자가 혼자에게』

혼자인 시간은 자신에게 줄 수 있는 가장 근사한 선물입니다. 내가 누구인지 무엇을 원하는지 어떻게 살아가고 싶은지 들여다볼 수 있으니까요. 물론 가족과의 시간과 일하는 시간도 소중합니다. 하지만 '나'를 제대로 마주하지 못한다면 모든 관계는 금세 지쳐버리기 쉽습니다. 자신에게 너그러워지고 진심 어린 축하를 건넬 수 있는 하루. 그런 하루가 주는 충만함이 우리 삶을 단단하게 지탱해준다고 믿습니다. "오늘만큼은 나만을 위해 살아도 괜찮아."

더 빛날 당신을 위한 질문

Q. 당신은 '나만을 위한 시간'을 보낸 적이 있나요? 이번 생일은 어떻게 보내고 싶은가요?

✦ 7 ✦

매몰되지 않는
삶을 위하여

　백수린 작가의 『오늘 밤은 사라지지 말아요』를 읽었다. 짧은 소설 모음집이라 아이들이 없는 틈에 후다닥 읽을 수 있었는데 긴 시간 여운이 가시지 않았다. 내가 이야기에 등장하는 인물이라면 어떨지 상상했다. 어디선가 살고 있을 법한 사람들의 삶 한가운데에 섰다가 그들을 조용히 바라보는 관찰자가 됐다. 한 노인의 머지않은 임종과 그 곁을 지키는 간병인의 시선을 통해 나는 잊을 수 없는 한 문장과 만났다.

　"오늘 밤은 사라지지 말아요."

　삶과 죽음 사이에 놓인 무수한 선택지들 가운데 희망과 기대는 결코 부질없는 일이 아니라고 말해주는 것 같았다. 내가 살아보지 못한 세상을 간접적으로 경험하는 것 이상의 의미가 있었다. 다양한 군상과 만나며 나와 타인 그리고 세상을 더 깊이 이해하고 사랑하는 방법을 배웠다.

몇 년 전 대학 동기였던 J가 평안의 길로 들어섰다. 그녀는 친구들뿐 아니라 선후배를 사이에서도 '인싸 중의 인싸'였다. 나는 그녀와 사범대 학생회, 수어 동아리에서 함께 활동했고 미팅도 두 번이나 같이 나갔다. 내 인생 처음으로 이태원에서 먹었던 샤프란 리소토 역시 J와 함께한 자리에서였다. 졸업 후에도 가끔 만나 보냈던 즐겁고 따뜻했던 순간들이 지금도 선명하다. 졸업 후 J는 고향인 제주로 돌아가 교사로 일했다. 좋은 사람과 결혼해 사랑스러운 두 아이도 낳았다. 타인에 대한 배려가 넘치며 밝고 건강했던 그녀에게 암이 찾아올 거라고는, 아무도 예상하지 못했다. 마흔이 되기도 전에 너무나 일찍 빛나는 별이 되었다. 투병하는 동안 그녀를 향한 많은 이들의 메시지와 사진, 편지가 온라인으로 또 병실로 이어졌다. 친한 친구들이 만든 앨범과 온라인 게시판에 그녀와 함께한 추억들이 고스란히 담겼다. J는 정말 좋은 딸이자 좋은 아내, 좋은 엄마였고, 좋은 친구이자 좋은 사람이었다. 그녀에게 주어진 시간이 얼마 남지 않았다는 소식을 전해 듣고 그 즉시 비행기표를 끊었다. 가장 가까운 친구도 자주 연락하는 사이도 아니었지만, 나는 그녀의 손을 잡고 기도하고 싶었다.

시간이 지난 후에야 알았다. 진심이 전부가 아니라는 사실을. 배려는 내 입장 말고 상대편에서 다시 생각하는 일이라는 것을. 가족은 그녀를 조용히 보내주고 싶었으리라는 생각을 그땐 미처 하지 못했다. 그녀를 위한 나의 발걸음은 진심이었지만 때론 진심만으로 충분하지 않다는 걸 배웠다.

누군가의 죽음은 삶을 돌아보게 만든다. 누군가를 진심으로 사랑했다면 그 사람을 통해 내 삶을 더 잘 살아내는 일도 사랑의 일부가 아닐까. 나는 묻는다. 지금 나의 삶을 진심으로 살아가는가? 누군가의 삶을 진심으로 배려하는가?

과몰입은 때로 매몰된 삶을 만든다. 상황에, 감정에, 내 방식의 선의에 매몰되어 진짜 중요한 것을 보지 못할 때가 있다. 누구나 살면서 어느 순간 몰입을 경험한다. 중요한 시험이나, 일이나, 사랑에 빠질 때 우리는 하나의 대상에 몰두한다. 몰입은 성장을 이끌지만, 과몰입은 시야를 가린다. 자녀 교육, 자기 계발, 신념, 심지어 누군가를 위하는 마음조차도 그렇다.

좋은 부모가 되어야 한다는 강박으로 아이를 몰아붙이고, 성실하게 살아야 한다는 명목으로 자신을 몰아세운다. 사랑한다는 이유로 타인에게 상처를 주기도 한다. 삶의 주어가

'나'가 되면, 쉽게 매몰된다. 삶의 주어를 더 큰 존재로 돌릴 때야 비로소 나를 내려놓고 기다릴 수 있다.

매일 아침, 묻는다. 나는 누구인가? 어디서 왔는가? 무엇을 위해 사는가? 어디로 가는가? 이 질문을 잊으면 욕심과 불안이 삶을 잠식해 버린다.

> *"삶은 성취가 아니라 선물이다. 수고를 통해 성취하려는 노력을 포기하고, 하나님이 당신에게 주신 선물을 그대로 누리려고 애써 보라."*
>
> - 데이비드 깁슨, 『인생, 전도서를 읽다』

삶은 유한하다. 그래서 삶은 우리가 애써 완성해야 할 과제가 아니라 매일 누려야 할 선물이다. 삶은 결코 완벽하게 통제할 수 있는 무대가 아니다. 우리가 할 수 있는 일은 그 순간을 진심으로 살아내는 것뿐이다. 누군가의 죽음은 우리 삶을 더 치열하게, 더 정직하게 살아가라는 메시지다. 소중한 사람을 떠나보낸 경험은 고통이지만 동시에 우리가 사랑할 수 있는 능력을 지녔다는 증거이기도 하다. 사랑이 남긴 빛은 사라지지 않는다. 사는 동안 그 빛을 품고, 흔들리더라도 다시 중심을 잡으며 삶의 매 순간을 감사히 누릴 수 있다.

오늘 밤, 이 글을 쓰며 나는 다시 기도한다.

'오늘 밤은 사라지지 말아요. 이 소중한 삶이, 이 작은 감사가, 이 함께하는 순간이 사라지지 않고 오래도록 내 안에 머물기를.'

비록 이 글이 J의 빛을 담기에 부족하겠지만, 그녀가 잠시라도 머물다 갈 수 있다면 좋겠다. 우리 모두의 곁에도 언젠가 혹은 이미 J와 같은 누군가가 있다. 그가 남긴 빛은 지금도 당신 안에 머물고 있을지 모른다.

J, 너의 따뜻한 웃음을 기억할게.

네가 남기고 간 빛은 여전히 우리 곁에 있어.

언젠가 다시 만나는 날,

우리 또 이태원과 대학로 작은 골목길을 함께 걸을 수 있기를.

그때까지 너를 기억하며 살아갈게.

이 글 안에서 네가 영원히 살아 있길.

누군가를 깊이 사랑하는 일은 그 존재가 사라진 뒤에도 계속됩니다. 우리는 사는 동안 끊임없이 삶에 몰입하고 매몰되기도 하지만 중요한 것은 그 순간들을 어떻게 기억하고 되새기며 살아가는가에 있지 않을까요? 삶이란 완성해야 할 과제가 아니라 누려야 할 선물이라는 말처럼 우리에게 주어진 하루는 그 자체로 축복입니다. 매몰되지 않고 살아내기 위해 우리는 가끔 멈춰 서서 되물어야 합니다. 오늘 내가 사랑하는 이들과의 시간을 어떻게 보내고 있는지 그 사랑이 어떤 빛으로 내 삶을 비추고 있는지를. 또한 진심은 중요하지만 때로는 진심만으로는 충분하지 않을 수 있습니다. 사랑한다면 내가 아닌 상대의 자리에서 바라보는 연습이 필요합니다.

더 빛날 당신을 위한 질문

Q. 당신은 지금 어떤 관계나 감정에 매몰되어 중요한 것을 놓치고 있진 않나요? 혹은 '진심'이라는 이름으로 타인에게 나의 방식을 강요한 적은 없었을까요? 당신 안에 머무는 '한 사람의 빛'은 누구인가요?

✦ 1 ✦

나를 돌보다,
나를 돌아보다

 수잔 애쉬포드의 『유연함의 힘』은 자기 연민이 학습과 성장에 긍정적인 영향을 미친다는 연구 결과를 제시한다. 자신의 결점과 실패를 심판하거나 비난하기보다는 연민의 마음으로 자신을 바라보라고 권한다. 큰 성과를 향한 열망과 자기 연민의 태도는 결코 모순적이지 않다는 뜻이다. 나는 그동안 자기 연민을 자기 동정이나 자기 비하와 혼동했다. 스스로 불쌍히 여기는 마음은 타인과 비교하면서 생겨나는 약한 마음가짐이라고 오해했다. 아이를 재우고 부엌 바닥에 앉아 울던 어느 밤, '나는 왜 이렇게 유약하지?' 자책했던 순간이 떠올랐다. 그때 나는 지쳐 있었다. 연민이 필요한 시간에 스스로 책망했다. 그러나 이 책을 통해 자기 연민이란 자기 비난 대신 공감과 위로를 보내는 태도임을 알게 되었다. 무엇보다 나 자신에게 친절하고 관대해야 한다는 사실을 깨달았다. 자기를 온전히 받아들일 때 내면은 더욱 단단해지고 성장할 수 있다.

　나를 돌보기 시작한 지도 어느덧 7년이 흘렀다. 그전까진 출근 준비와 남편 아침 식사, 아이 등원까지 마치면 나의 하루는 이미 시작하기도 전에 고단했다. 수업과 회의, 상담을 마치고 퇴근하면 어느새 저녁. 내 이름을 부르는 사람은 있어도 내가 나를 불러주는 시간은 없었다. 어릴 적부터 착한 아이 콤플렉스에 사로잡혀 남의 말을 잘 들으면 좋은 사람이라고 생각했다. 내 마음의 소리를 애써 외면했다. 이래도 괜찮고 저래도 괜찮다며 다른 사람들의 심기를 거스르지 않으려 애썼다. 부당한 요구에도 순응하며 그것이 모두를 위한 일이라고 믿었다. 하지만 그것이야말로 나를 존중하지 않는 행동이라는 사실을 뒤늦게 깨달았다. 과거를 인식한다고 해서 삶이 하루아침에 바뀌진 않았다. 하지만 지나온 날들을 되돌아보며 그때의 나를 있는 그대로 바라보았다. 감정 하나하나를 인정하고 그때의 나에게 위로와 화해를 건넸다. 그제야 비로소 나를 위해 시간을 보낼 수 있었다. 돌봄은 돌아봄이었다.

나를 돌본다는 것은 내 삶이 행복한지 돌아보는 일이다. 몸은 건강한지, 마음은 평안한지, 지금 행복한지 자문해 보고 지나온 시간을 되짚어본다. 내가 얼마나 소중한 존재인지 깨닫고, 있는 그대로 나를 사랑하자. 내게 주어진 시간도 소중히 여기자. 그래야 가족과 타인도 진심으로 돌볼 수 있으니까.

가족을 돌본다는 것은 그들의 삶이 편안한지 살펴보는 일이다. 식물을 기를 때처럼 유난스럽지 않게 주기적으로 관심을 기울여야만 한다. 수분이 필요하면 빗물을 맞게 하거나 물을 적셔주고, 빛이 필요하면 해가 드는 창가에 놓아준다. 너무 많아도 문제고, 너무 적어도 문제다. 식물을 보듯 적당한 거리를 두고 가족을 바라본다. 필요한 만큼만 도움을 주고 때로는 기다릴 줄도 알아야 한다. 그들이 나와 다른 인격체임을 인정할 때 참된 돌봄이 가능해진다. 작은 화분 하나 키우는 것도 쉽지 않다. 물을 주는 타이밍을 맞추지 못해 시든 잎을 보며 '이렇게 가족에게도 무심했나.' 싶어 마음이 무거웠던 적도 있다. 가족 역시 사랑이라는 햇살과 관심이라는 물을 주기적으로 받아야 자란다.

타인을 돌본다는 것은 그들의 삶에 어려움이 없는지 돌아보는 일이다. 항상 직접적인 도움을 주지 못하더라도 간접적으로나마 관심을 기울일 수 있다. 장애가 있는 가족을 돌보는 사람들, 치매 노인을 돌보는 보호자, 돌봄이 필요한 아동과 그들을 지원하는 이들까지. 돌봄이 필요한 대상은 매우 다양하다. 특히 돌봄을 제공하는 사람들이 소진되지 않도록 돕는 일도 중요하다. 타인은 언젠가 내가 될 수 있다는 사실을 기억하면서 연대와 공감을 키워나가야 한다.

특수교사로 일하며 장애가 있는 학생들과 함께 생활하면서 양육자들을 지켜본다. 그들은 매일 포기하지 않으며 감당해 내는 삶을 살아간다. 조용히 아이를 기다리는 엄마, 형이 울고 떼를 써도 묵묵히 형 손을 잡아주는 동생, 용기 내어 세상을 향해 외치는 이들까지. 그런 모습을 가까이서 마주할 때마다 돌봄이란 말이 내 가슴에 와닿는다. 누군가를 온전히 받아들이고 그 사람의 삶을 지지하는 일. 돌봄은 그저 돕는 행동이 아니라 함께 살아가는 태도라는 걸 느낀다. 여전히 나는 장애 당사자가 아니라 알 수 없는 지점이 존재한다. 그래서 한 번 더 돌아보며 마음을 보탠다.

누군가를 돌보는 일은 헌신과 희생이 뒤따른다. 육체적, 정신적 피로를 겪기도 한다. 그래서 돌봄 제공자도 자신을 돌보는 시간이 필요하다. 돌봄은 때론 개별적이다. 나의 경우 이야기를 글로 쓰면서 자기 돌봄이 가능했다. 한 사람의 삶은 곧 역사의 한 조각이다. 모든 사람의 삶이 모여 역사를 만든다. 자기 삶을 기록할 수 있는 사람은 따로 정해져 있지 않다. 모두가 자신의 이야기를 써 내려갈 수 있으며, 표현이 어려운 사람에게는 '공동 저자'가 되어 줄 수 있다. 돌봄은 동시에 보편적이기도 하다. 타인의 이야기가 곧 나의 이야기이자 가족의 이야기이며, 그들의 삶이 나와 연결되어 있기 때문이다. 장애 당사자인 김원영 변호사는 『실격당한 자들을 위한 변론』에서 다음과 같이 말한다.

> "우리가 공동 저자가 될 가능성을 생각할 수는 없을까? 이 공동의 서사 쓰기를 위해서 우리는 중증의 장애가 있는 사람과 가장 가까운 곳에서 삶을 같이하는 이들의 이야기에 주목할 필요가 있다."

돌봄은 누군가의 몫이 아니라 우리 모두의 삶에 스며든 공동의 과업이다. 오늘 하루, 나의 마음을 한 번 들여다보고 나를 따뜻하게 안아줄 수 있다면 더 나은 돌봄의 출발점이 된다. 때로는 "요즘 괜찮으세요?"라는 작은 안부 인사에서 돌봄이 시작된다. 그 짧은 물음 하나가, 한 사람의 하루를 버티게 해주기도 하니까.

> 돌봄은 결코 일방적인 수고나 희생만을 뜻하지 않습니다. 나를 돌보는 일에서 시작된 배려는 가족에게 향하고 타인의 삶에 닿으며 결국은 사회 전체의 삶을 바꾸는 씨앗이 됩니다. 또한 돌봄은 물리적인 행위이자 정서적인 태도이며 연결의 언어입니다. 서로 안부를 묻고 삶의 고단함을 알아차리는 작은 말 한마디에서 시작되지요. 작은 실천이 퍼져갈수록 우리는 조금 더 따뜻한 존재로 살아갈 수 있습니다. 누군가를 돌본다는 것은 곧 누군가의 삶 안에 내가 머문다는 뜻이기도 합니다. 그것만으로도 우리는 타인의 삶과 세상에 기여할 수 있습니다.

더 빛날 당신을 위한 질문

Q. 요즘 당신은 누구를 돌보고 있나요? 나 자신을 돌아보며 가족과 이웃도 돌볼 마음의 여유가 있나요?

✦ 2 ✦

교사,
사람을 배우는 직업

흔히 이론과 실전은 다르다고 말한다. 현장에서 직접 얻는 경험은 성장의 매우 중요한 요소다. 하지만 지식 없이 실전에 뛰어드는 건 위험한 일이다. 특히나 교육 현장에서 '교육의 질은 교사의 질을 넘어설 수 없다.'라는 말은 교사에게 끊임없이 배우고 성장해야 하는 의무와 책임이 있다는 뜻이기도 하다. 휴직을 반복하며 냉장고 안의 식자재가 다 떨어진 것처럼 교육 관련 지식이 부족하다고 느꼈다. 텅 빈 수레가 요란해질까 봐 복직할 때마다 가슴이 두근거렸다. 특수학교 또는 특수교육지원센터에서 근무해 본 적 없이 줄곧 초등학교 특수학급에서만 일했다. 그래서 특수학교나 중·고등학교에서의 특수학급 상황 또는 직업교육과 취업, 복지 등에 관한 이해가 부족했다. 복직하고 나서 업무와 수업은 혼자 하는 일이라 비교적 빠르게 적응했지만, 학생과 통합교사 특히 학부모와의 관계는 함께 만들어 가는 일이라 시간이 걸렸다. 가정과 학교, 학부모와 통합교사 사이에서 균형 있게 말하고 행동해야 했다. 아무리 진심으로 다가간다 해도 때로는 오해가 생길 수밖에 없는 게 사람 사이니까. 그 간격을 조금이나마 좁히는 데 다양한 책이 도움이 됐다.

특수교육은 '통합교육'과 뗄 수 없는 관계다. 내가 일터에서 하는 주된 일은 장애 학생을 가르치고 일반 학생들과 학부모, 교사들에게 장애 공감 교육을 제공하는 것이다. 장애학생과 비장애 학생의 통합교육을 위한 지원도 그 일환이다. 그 외 업무는 교육이라기보다 행정의 영역이고. 휴직 중에 조금이라도 일에 관한 끈을 놓고 싶지 않아 장애와 관련된 책을 읽기 시작했다. 장애 당사자의 자전적 에세이, 장애 자녀를 둔 부모나 배우자 또는 비장애 형제자매의 기록, 일반교사 또는 특수교사의 교단 에세이, 장애 자녀의 부모인 동시에 교사가 쓴 책 등을 읽어가며 다음과 같은 점을 배워갔다.

첫째, 존재 그 자체로서의 소중함이다.

가톨릭 사제이자 하버드대 교수였던 헨리 나우웬(1932~1996)의 『아담』을 읽었을 때의 감동을 잊지 못한다. 캐나다 토론토의 라르쉬(L'Arche) 데이브레이크(Daybreak) 공동체(발달장애인 공동체)를 설립한 장 바니에의 초청으로 그곳에서 약 10년간 지적장애인들을 섬기며 자신의 또 다른 소명을 깨달았다. 그가 데이브레이크 공동체에서 만난 중증 발달장애인 '아담'과 매일 함께하며 쓴 책이 바로 『아담』이다. 아담은 공동체에서 가장 연약하고 장애가 심한 사람이었다. 그는 자신과 함께 시간을 보내는 이가 엄청 유명한 교수인지도 몰랐을 테다. 그 지점이 헨리 나우웬에게 큰 도전이었다. 아담을 돌보는 데 누구보다 무능했던 사람이었을 테니까. 이 책은 인간의 유용가치가 아닌 존재 자체의 가치를 다시 일깨워주었다. 사람은 쓸모로 평가하지 않아야 한다. 해, 달, 별, 바람, 구름, 꽃, 시, 웃음, 농담. 대체로 무용한 것들은 삶에 있어서 필수다. 지식, 학벌, 자격처럼 유용하다고 여겨지는 것보다 훨씬 중요하고 아름답다.

둘째, 장애 당사자 또는 가족의 구체적 일상이다.

취향에 따라 에세이를 읽지 않는 사람도 있다. 타인의 이야기를 뉴스 기사나 영상으로 접할 수 있다고 말하기도 한다. 하지만 지식과 정보의 차원에서도 누군가의 이야기를 들어볼 필요는 있다. 경험해 보지 않으면 모르는 이야기, 몰라서 모르는 이야기, 누군가를 통해서라도 들어야 하는 이야기. 나 역시 태어나 보니 장애인 가족이었다. 지체 장애가 있는 아버지의 영향으로 특수교사가 된 건 아니었지만 다수보다는 소수의 입장으로 살아온 게 사실이다. 하지만 나는 어디까지나 아버지에 한정된 장애를 알았을 뿐 다양한 장애 당사자와 가족의 일상에 관해 모르는 게 많았다. 특수교육과 연극을 공부한 아주특별한예술마을 대표 권주리는 『사랑에 장애가 있나요?』와 공저 『장애와 돌봄』(기획 및 공저)에서 장애인 가족으로서 겪는 삶의 이야기를 진솔하게 보여준다. 그녀의 글은 장애는 당사자가 극복해야 하는 것이 아니라 그의 존엄과 권리가 사람과 환경으로부터 지켜져야 함을 알려준다. 바로 그것이 모두가 찾아 헤매는 사랑이자 연대며 공동체임을 일깨운다. 개인적으로 장애인 가족과 특수교사로 살아가며 받았던 편견과 차별의 시선들에 당황하고 가슴 아팠던 순간들이 떠올라 공감했다. 당사자가 아니라는 이유로 무심코 해왔던 미성숙하고 이기적이었던 언행을 반성하기도 했다.

셋째, 장애인에 대한 차별적 시선과 사회적 장벽이다.

장애인의 대부분이 후천적 원인이라는 사실을 아는가? 장애 영역에 따라 조금씩 차이는 있지만 보건복지부 장애인 실태조사에 따르면 전체 장애인 중 후천적 원인 비율은 90%에 가깝다. 후천적 질병과 후천적 사고 등으로 장애를 갖게 되는 경우가 선천적인 발병보다 훨씬 많은 셈이다. 뉴스에서 장애인 이동권 문제로 지하철에서 시위하는 걸 본 적 있을 것이다. 나와는 상관없는 이야기라거나 혹은 비장애인들의 출퇴근 시간을 볼모로 잡는 장애인들의 이기적인 행태라고 생각하지는 않는가? 이동에 제약이 없이 도보로 다니는 경우 깨진 보도블록, 오토바이나 자동차의 불법주차, 경사진 길, 주 출입구의 턱 등이 크게 문제 될 것이 없다. 나는 보행에 어려움이 없지만, 유모차를 끌고 다니고 다리를 다쳐 부목을 대고 다녔을 때 대중교통 이용이 이렇게 힘든 일이었나 하는 생각이 들 정도로 열악함을 느꼈다. 최중증 발달장애인은 보호라는 명목으로 시설에서 지내야 하는지, 가정과 지역사회에서 어울려 살아야 하는지 쉽게 말할 수 없다. 특수학교를 지을 때마다 무릎을 꿇어가며 허락받아야 하는 일이 당연한 건 아니다. 『사양합니다, 동네 바보 형이라는 말』의 저자 류승연은 말했다.

> "나는 이제 내가 죽고 난 뒤 내 아들이 살아갈 사회에 대해 생각한다. 장애인들만 모여 사는 장애인 월드가 아닌 지역사회 안에서 구성원의 더불어 살기를 구현하는."

블로그를 처음 만들었을 때 단순히 육아 일상을 기록했다. 시간이 지나면서 내가 세상을 바라보는 시선을 담아내는 공간이 되었다. '당신의 아름다운 시선을 위해'라는 카테고리를 만들었다. 한 사람이라도 장애 당사자나 가족의 이야기를 접하고 그들의 삶에 관심을 가질 수 있다면 좋겠다. 장애는 누군가의 특별한 이야기가 아니라 우리 모두의 현재이자 미래다. 한 사람이 타인의 삶에 귀 기울일 때 우리는 조금 더 인간다운 사회를 만들어 간다. 아이를 키우고 교실에서 아이들을 만나며 나는 매일 배운다. 결국 교육이란 함께 살아가는 법을 배우는 여정이다. 책 한 권 읽는 일, 누군가의 삶을 들여다보는 일, 낯선 시선을 받아들이는 경험이 우리를 더 넓게 살아가도록 해준다.

장애는 극복하는 게 아니다. 우리는 인간의 존엄과 권리가 지켜지지 못하는 상황에 시선을 두는 경험이 필요하다. 용기 내어 자기 이야기를 하는 사람들이 계속 나와주길 바란다. 책이든 영상이든 장애 당사자나 가족의 기록을 통해 우리는 또 다른 세상을 만날 수 있다. 장애와 관련된 이야기가 특별하기보다 누구나 겪을 수 있는 보편적인 이야기로 받아들여지는 날이 오길 바란다.

교육은 단순히 지식을 전달하는 일이 아닙니다. 어떤 시선으로 세상을 바라보고 어떤 태도로 사람을 대할 것인가에 관한 고민이자 성장입니다. 저는 엄마에서 교사로, 교사에서 다시 그저 한 사람으로 돌아가는 삶 속에서 '배움'이란 곧 '듣고, 바라보고, 이해하려는 마음'임을 배웁니다. 지금, 이 순간에도 누군가는 용기를 내어 자신의 이야기를 남깁니다. 그 이야기에 마음이 움직인다는 건 우리 역시 그들과 연결됨을 의미하는 게 아닐까요? 배움은, 삶에서 삶으로 사람에서 사람으로 이어집니다.

더 빛날 당신을 위한 질문

Q. 소외된 이웃에 관한 배움의 경험이 있나요? 당신의 배움은 누구의 삶과 이어져 있나요?

✧ 3 ✧

최소한의 이웃이
되는 길

"아이들이 들꽃이라면 나는 그 꽃들이 활짝 피어나는 과정을
품는 너른 들판이자 비비고 기댈 수 있는 언덕이 되고 싶다."

- 주효림, 『이토록 명랑한 교실』

내게는 더불어 살아가는 사람들이 있다. 나라는 들판과 언덕에서 피어나는 들꽃. 누군가는 그들을 '장애인'이라고 부르지만, 나는 그저 이름을 가진 아이들로 기억한다. 특수교사로 살아가는 동안 내가 아이들을 위해 무언가를 베풀거나 제공한 것보다 그들이 내게 먼저 내민 마음과 사랑이 훨씬 크다. 그중에서도 마음 깊이 새겨진 인연을 떠올려본다.

2007년, 첫 발령을 받아 갓 사회생활을 시작한 학교에서의 일이다. 그 당시 회식 자리는 무릎을 꿇고 술잔을 받아야 할

정도로 위계적이었다. 어느 날 동 학년 모임에서 장학사에 합격한 선배 교사가 이런 말을 툭 내뱉었다.

"내 남동생이 특수교사랑 결혼하겠다고 해서 말렸잖아. 너무 힘들어서 유산할 수도 있고, 태교에도 안 좋을 것 같더라."

스물셋이었던 나는 그 말을 듣고 아무 대답도 할 수 없었다. 당황했고, 당혹스러웠고, 화가 났다. 하지만 어색한 미소만 지은 채 자리를 지켰다. 마음속에는 눈물이 가득 차올랐지만 들키고 싶지 않아서 그저 시간이 빨리 지나가기만을 바랐다. 그날 이후 20년 가까이 흘렀지만 나는 아직도 그 순간의 나를 자주 떠올린다. 아무 말도 하지 못했던 나 자신이 부끄럽고 나의 또 다른 아이들에게 그저 미안해서.

2013년, 결혼하고 3개월 만에 아이가 생겼다. 그 선배 교사의 말이 불현듯 떠올랐지만, 나는 하루도 빠짐없이 기도했다. 어리석고 편견에 찬 말이 태중의 아이와 내가 가르치는 아이들에게 결코 영향을 미치지 않게 해달라고. 입덧이 심했던 어느 날 수업 중간에 갑자기 구역질이 올라왔다. 그 모습을 본 한 여학생이 외쳤다.

"선생님 아프다! 119! 빨리 구급차 불러요!"

5학년 여학생 K였다. 누군가는 다운증후군 아이라고 말하겠지만 내게는 이름 그대로 K였다. K는 매일 아침 나를 보자

마자 두 손을 내 배에 얹고 노래를 불러줬다.

"당신은 사랑받기 위해 태어난 사람~ 당신의 삶 속에서 그 사랑 받고 있지요~"

배가 불러와 뒤뚱거리며 걸을 때도 K는 내 팔을 붙들고 조심스레 도와주었다. 어느 날 K는 그림을 그려왔다. 한 여자의 배에 동그라미가 있었고 그 안에 작고 귀여운 아기가 그려져 있었다.

"K야, 이거 선생님이야?"

"네, 이건 사랑이(태명)에요."

나는 K가 내게 준 그 사랑과 축복의 말을 지금도 잊지 않고 가슴에 깊이 간직하고 있다. 그 사랑은 내가 무엇을 해서 받은 것이 아니었다. 그냥 나로서 존재했던 시간 속에서 아이가 내게 선물해 준 사랑이었다.

"선생님뭐하세요 보고싶어요저 방학했어요우리 언제 만나요 힘든일있는데 기도해주세요."

문자가 올 때마다 내 마음은 한없이 따뜻해진다. 처음 P를 만난 건 2010년이었다. 귀엽고 통통한 얼굴에 눈웃음이 매력적이었던 초등학교 3학년 아이였다. 어느덧 그는 20대 청년이 되어 취업을 준비하고 있다. 5학년 때 다른 지역으로 전학을 갔지만 연락이 끊이질 않았다. 예방접종은 했냐고 묻는 문자, 생일 축하한다고 보내온 문자, 주말에 떡볶이를 먹고 산책하며 찍은 단풍잎 사진까지. 지금도 종종 P의 삶이 내게 도착한다. 중학교에 진학하고, 선생님과 라포가 잘 이루어지지 않아 울며 전화를 걸어온 날을 기억한다. 이후 일반 고등학교에 진학했지만, 친구들에게 마음의 상처를 입고 특수학교로 전학을 갔다. 그곳에서 점점 자존감을 회복했다. 졸업을 앞두고는 이렇게 말했다.

"장애가 있는 동생들에게 좋은 선배가 되고 싶어요."

나는 분리 교육보다 통합교육이 더 중요하다고 생각한다. 하지만 때론 사람과 상황에 따라 특수학교에서의 시간이 힘이 되기도 한다. P는 교사들의 믿음, 어머니의 사랑, 주변 사람들의 지지를 받으며 조금씩 꾸준하게 삶의 영역을 확장해 나갔다. 대중교통을 이용하고 친구와 여가를 즐기고 직장을 준비하며 살아가는 그는 이제 어엿한 사회 구성원이다.

어느 날, P가 내게 그림을 하나 보내왔다. 카카오톡 프로필에 올라온 그림이었다.

"선생님제가오늘학교에서그림을그렸는데요 제가예쁘게그리려고했는데제가그림을잘못그려요 그래도최선을다해그렸어요

못그렸어도 잘봐주세요 제가 지금 사진 보낼게요"

순간 울컥했다. 나를 그린 그림이었다. 겨우 2년 남짓 함께 했고 어린 시절의 인연일 뿐이다. 그냥 흐릿한 추억으로 남았을 수도 있었는데 여전히 그는 나를 특별한 사람으로 기억해 준다. 사실 나는 그 아이에게 딱히 해준 게 없다. 오히려 그가 내게 보내준 애정과 고마움이 나를 더 나은 어른으로 살게 한다. 앞으로 P를 위해 내가 할 수 있는 일은 더 이상 교사가 아니라 그의 곁에 이웃이 되는 것이다. 아이가 사회적 관계를 맺으며 자기 삶을 넓혀가는 모습을 지켜보는 일은 나에게 큰 선물이다. 누군가의 프로필 사진이 된다는 것. 그것이 주는 무게와 감동은 말로 다 표현하기 어렵다. P에게 부끄럽지 않은 어른이 되고 싶다.

허지웅은 『최소한의 이웃』에서 이렇게 말했다.
"더불어 살아간다는 마음이 거창한 게 아닐 겁니다. 꼭 친구가 되어야 할 필요도 없고 같은 편이나 가족이 되어야 할 필요도 없습니다. 그저 내가 이해받고 싶은 만큼 남을 이해하는 태도, 그게 더불어 살아간다는 마음의 전모가 아닐까 생각해 보았습니다."

아이들을 사랑하는 방법은 생각보다 어렵거나 멀리 있지 않다. 누군가에게 마음을 내민다는 것은 아주 특별하거나 거창한 행동이 아니라 그저 내가 존중받고 싶고 이해받고 싶은 만큼 상대방에게 그 마음을 건네는 작은 시작에 있다. 특수교육이든, 통합교육이든, 분리 교육이든, 개별화 교육이든. 어떤 이름이 붙든 그 앞에 '한 사람'이 존재한다는 사실을 잊지 않았으면 좋겠다. 우리가 서로에게 최소한의 이웃이 되어 줄 수 있다면 이 세상은 조금 더 따뜻해지지 않을까.

누군가 내게 물었다. 왜 특수교사가 되었냐고. 나는 한때 오만하게도 아이들에게 '사랑을 주기 위해서'라고 생각한 적이 있다. 하지만 시간이 지나며 깨달았다. 매일 아이들에게 '사랑받고' 있었음을.

제가 아이들에게 다가갔다고 생각했지만, 되돌아보면 언제나 아이들이 먼저 다가왔습니다. 교사 인생을 풍요롭게 만든 건 가르침이라기보다 함께 나눈 일상의 온기와 작은 기적들이었어요. '최소한의 이웃'이 된다는 건 멀리서 돕는 손길이 아닙니다. 차별하거나 배제하지 않고 가까이서 함께 존재하는 일입니다. 이름을 불러주고, 존재를 기억하고, 마음을 건네는 일. 우리가 서로 존엄을 지켜주며 살아간다면 세상은 분명 조금 더 따뜻한 방향으로 나아갈 수 있을 거라 믿습니다.

더 빛날 당신을 위한 질문

Q. 당신은 지금 내 주변의 '한 사람'을 어떤 시선으로 바라보고 있나요? 누군가에게 '최소한의 이웃'이었던 순간이 있었나요?

✧ **4** ✧

함께 숨 쉬며
살아갈 날을 위해

"여기는 공동묘지입니다."

승합차에 탄 채 돌고래를 보러 가던 중, 한인 가이드의 설명이 들려왔다. 창밖으로 보이는 풍경은 외국 영화에서 보았던 공동묘지의 모습 그대로였다. 내 생애 처음 와본 괌. 방학 아닌 학기 중에 처음 떠난 해외여행. 휴직 중이라 가능한 이 시간. 내 옆에는 남편과 아이들이 있고, 문득 죽음을 떠올렸다.

1997년 8월 6일, 대한항공 KAL 801편 보잉 747기가 서울을 떠나 괌 착륙 직전 추락했다. 그 사고로 229명이 사망했고, 그중에는 학교 친구와 그녀의 아버지도 있었다. 하루아침에 친구를 잃었다는 사실이 믿기지 않았다. 운구차가 학교 운동장에 멈췄고, 친구들은 그 주위를 둘러싸고 애도했다. 그날의 공기는 차갑고 무거웠다. 30년 가까이 흘렀어도 그 장면은 아직도 생생하다. 내게 괌은 그 사고와 연결된 기억의 공간이다. 여행을 준비하면서 가슴 한편이 아렸던 이유다. 친구의 열네 살은 이곳에서 멈췄지만 나는 마흔 넘어 이곳에 왔다.

승합차에서 내려 배에 올라탔다. 깊은 바다 위에서 돌고래를 본 뒤 얕은 쪽으로 배 위치를 옮겼다. 가이드의 지시에 따라 스노클링 마스크를 쓰고 바닷속으로 내려갔다. 형형색색 물고기와 산호들이 눈앞에 펼쳐졌다. 생경한 아름다움에 마음을 빼앗겼다. 더 가까이 보고 싶어 얼굴을 깊숙이 담그던 순간 마스크 안으로 물이 새어 들어왔다. 갑작스러운 상황에 바다 한가운데서 공황이 몰려왔다. 다행히 가이드가 가까이서 지켜보고 있었고 수영에 능한 첫째 아이가 내 옆에 있었다. 조금만 더 헤엄치면 닿을 거리에 밧줄도 보였다. 순간의 공포를 이겨내며 필사적으로 팔을 저어 배로 돌아왔다. 가쁜 숨을 몰아쉬며 쿵쾅대던 심장 소리가 서서히 잦아들었다. 거친 숨결이 가라앉자, 온몸에 편안함이 퍼졌다.

그때 문득 이런 생각이 들었다. 바다는 학교, 부표로 표시된 구역은 교실, 배는 교육청이 아닐까. 물고기처럼 자유롭게 헤엄치는 아이들의 얼굴이 떠올랐다. 교사는 아이들의 아름다움을 지켜봐 주는 이들이 아니던가. 바닷속을 구경하러

온 이방인이 아닌 매일 그들의 아름다움을 지켜주기 위해 존재하는 사람들 말이다. 내게 가이드와 가족과 밧줄이 있어 안심할 수 있었듯이 교사도 관리자와 교육청, 힘이 되는 동료가 있다는 믿음이 필요하다. 법과 제도, 정책과 시스템이 든든하게 자리할 때 비로소 심리적 안전감을 가질 수 있다. 그 안전함 위에서 교사는 자유롭게 교육할 수 있다. 믿음과 안전망이 없으면 교사는 바다 한가운데서 공황에 빠진 나처럼 두려움 속에서 헤매게 될 것이다.

사고든 질병이든 선택이든, 죽음은 그 자체로 죽음이다. 덜 고통스러운 죽음은 없다. 선택이라 표현했지만 사실 선택할 수밖에 없는 상황이었다. 폭풍 속에 표류하다 숨 쉴 수 없는 절박함 속에서 내몰린 선택이었다. 그 시각 한국에서는 한 특수교사의 죽음을 기리는 가슴 아픈 추모제가 열릴 예정이었다. 그는 자신의 모든 에너지를 소진했고 결국 감낭할 수 없는 무게에 짓눌렸다. 한 해 전, 꽃 같은 선생님이 떠난 이후에도 상실은 계속됐다. 혼자가 아니어야만 했다. 익숙하고 행복했던 장소가 누군가에게는 고립의 공간이 되고 말았다.

나와 내 동료들은 '교사'라는 이름으로 연대한다. 남 일이 아닌, 바로 내 일이기 때문이다. 내 학급에서도 충분히 일어날 수 있는 상황이다. 과밀학급, 전일제, 과도한 수업시수와

민원. 이 모든 상황은 어제오늘의 일이 아니다. 교실에서 아이들과 더불어 행복하길 선택한 교사가 있다면 제대로 숨 쉴 수 있어야 한다. 그래야 아이들의 아름다움을 지켜줄 수 있으니까.

> '백만 명이 죽었다'라고 하면 그건 통계야.
> 백만 명이 죽어도 그건 다 한 사람의 사적 죽음이거든.
> 그걸 잊으면 안 돼. 이 세상에 백만 명이라는 건 없어.
> - 이어령, 김지수, 『이어령의 마지막 수업』 중에서

몇백 명이 세상을 떠나도 그건 결국 한 사람 한 사람의 사적 죽음이다. 그 무게를 가볍게 여기거나 쉽게 잊어서는 안 된다. 죽음은 통계가 아닌 누군가의 전부였던 삶의 끝이기 때문이다. '소 잃고 외양간 고친다'지만 더 이상 소를 잃지 않기 위해 가능한 한 빨리 고쳐야 한다. 무너진 곳을 방치하면 상실만 되풀이될 뿐이다.

누군가의 죽음 앞에 우리는 더 나은 삶을 고민하게 된다. 다시는 같은 일이 반복되지 않도록 제도를 고치고 시스템을 살펴야 한다. 교육은 공동체 안에서 이루어진다. 교사의 삶

또한 존중과 보호의 울타리 안에 존재해야 한다. 교사가 안전하게 숨 쉴 수 있을 때 아이들도 안심하고 자랄 수 있다. 돌봄과 교육은 서로의 숨결을 알아차리는 일이다. 우리는 각자의 자리에서 숨 쉬며 살아가는 존재들이다. 그러니 부디 그 어떤 생명도 벼랑 끝에 혼자 있지 않기를. 숨이 차오를 때, 곁에 호흡할 수 있도록 돕는 누군가가 있기를.

부끄럽게도 나는 안락한 호텔 방에 앉아 글을 쓸 뿐이다. 내 죽음 또한 예측할 수 없다는 명제 위에서 그들을 추모하는 마음만은 진심으로 함께이길 바란다. 숫자가 아닌 이름으로, 통계가 아닌 이야기로 그들을 기억해야 한다.

우리는 모두 누군가의 소중한 '한 사람'입니다. 죽음을 기억한다는 것은 그 사람의 삶을 기억하는 일입니다. 교사로 살아가는 이들은 오늘도 아이들의 삶 한가운데 있습니다. 아이들이 숨 쉬는 교실에서, 그들의 아름다움을 지켜보고 성장에 함께하는 존재로서 매일 서로에게 나은 선택을 하며 삽니다. 그 선택이 쌓여야 교육도 교실도 세상도 바뀌니까요. 혼자만의 선택으로는 가능하지 않습니다. 함께 숨 쉬며 살아갈 날을 위해 이 삶이 안전하게 지켜지면 좋겠습니다.

더 빛날 당신을 위한 질문

Q. 당신이 교사라면 동료나 학부모, 학생에게, 반대로 학부모라면 교사에게 힘이 되어 주고 있나요? 서로 존재하는 공간을 안전하게 지켜주는 관계인가요?

✧ 5 ✧

지혜롭게
나이 들고 싶다

 마흔이 넘으면서 경험은 쌓여가도 확신은 흔들렸다. 현재의 삶이 올바른지, 앞으로 어떻게 살아가야 할지 고민이 깊어졌다. 미래의 불안은 물안개처럼 스며들었고, 내 선택이 가족에게 미칠 영향과 책임감도 무겁게 다가왔다. 결국 중요한 건 '지금, 여기'를 사는 일이라는 결론에 이르렀다. 과거에 얽매이지 않고 불확실한 미래에 겁먹지 않으며 오늘에 집중하는 삶.

 혼자인 시간이 필요했지만 결국 사람들 속에서 내 존재 의미를 다시 찾았다. 관계 속에서 삶의 가치를 발견했고, 나라는 존재가 누군가에게 작은 힘이 된다는 사실이 살아갈 원동력이 되었다. 나는 어떤 사람인가. 내 존재는 어떤 의미를 줄 수 있을까. 용기와 의지가 부족한 내가 세상에 이바지할 수 있는 일은 무엇일까. 이 질문들은 마흔을 통과하며 자연스럽게 찾아왔다.

작년 가을, 가족과 함께 여의도 공원에서 열린 마라톤 대회에 참가했다. 첫 완주가 준 설렘만큼 또 다른 기대 때문에 전날 밤은 좀처럼 잠들 수 없었다. 아침 6시. 의욕적으로 집을 나설 기대와 달리 아이들은 미간을 찌푸리며 억지로 몸을 일으켰다. 남편도 피곤한 기색이 역력했다. 나만 들떠 있었던 걸까. 가족과 함께 달리면서도 복잡한 생각이 머릿속을 떠나지 않았다.

완주 후 목에 메달을 걸었다. 아이들은 그제야 웃었고 땀으로 젖은 머리칼에 뿌듯해했다. 집으로 돌아가는 길 순대국밥 가게에 들렀다. 남편과 아이들은 각자 먹고 싶은 메뉴를 골랐는데 나는 혹시 누군가 남길까 싶어 따로 주문하지 않았다. 나도 먹고 싶은 메뉴가 있었지만, 남은 음식을 나눠 먹으며 허기를 채웠다.

왜 나는 내가 먹고 싶은 걸 고르지 못했을까. 왜 나를 늘 마지막에 두는 게 익숙해졌을까. 가족과 추억을 만들고 싶었던 내 바람이 혹시 그들에게는 부담이었을까. 고개를 드니 아이들은 피곤한 표정이었고, 남편도 지쳐 보였다. 그제야 알았다. 나는 여전히 완벽한 엄마가 되고 싶었던 거다. 모두

나처럼 같은 마음으로 참여하고 똑같이 행복하기를 바랐다. 하지만 가족의 생각은 나와 달랐다. 각자 다른 방식으로 추억을 쌓는다는 점과 내 기대가 그들에게 무거운 짐이 될 수 있다는 사실마저도 인정해야 했다. 나이가 들고 엄마가 되었지만 내 마음은 아직 어린아이처럼 미숙하다는 사실이 부끄러웠다. 기껏 마라톤을 완주하고, 그 짧은 시간 동안 부정적인 생각에 빠져버리다니.

집으로 돌아가려다 우연히 지하철 역사 입구에 있는 북카페를 발견했다. 나는 들렀다 가고 싶었고 아이들은 집으로 가겠다고 했다. "그럼 나는 여기서 좀 쉬었다 갈게." 남편은 아이들을 데리고 갔고, 나는 커피 한잔을 주문하고 창가에 앉았다. 그때 우연히 펼친 책 한 구절이 오전 내내 좁은 시야에서 벗어나지 못했던 나를 단숨에 넓은 곳으로 데려갔다.

"우리는 어떤 식으로든 세상의 미래에 참여하고, 어떤 흔적을 남기고, 우리가 살았기 때문에 뭔가가 달라졌다는 사실을 확인하고 싶어 한다."

- 마사 누스바움, 솔 브레모어, 『지혜롭게 나이 든다는 것』

나도 그렇다. 가족이 살아갈 미래에 따뜻한 흔적을 남기고 싶다. 함께 달린 시간이 그들 마음속에 작은 빛으로 남기를 바란다. 하지만 그런 바람이 건강하게 전해지려면 나의 태도부터 돌아보아야 한다는 걸 배운다. 나이 들수록 욕심을 덜어내고 꼭 필요한 일에 집중하며 덜 중요한 것은 흘려보낼 수 있는 지혜가 필요하다. 무언가를 더 얻으려고 애쓰기보다 지금 가진 것에 감사히 여기는 삶 말이다.

책은 이어 말했다. 나이가 들수록 사람들과의 관계가 더욱 중요해진다고. 연결된 삶이 행복을 만든다며 사회적 교류, 공동체 활동, 가족 간의 유대가 인생 후반기에 더 큰 의미를 준다고 했다. 책을 덮고 생각했다. 내 삶도 결국 누군가와 연결될 때 더 넓어지고 빛난다. 나이 듦은 혼자만의 싸움이 아니라 함께 살아가는 법을 배우는 과정이다. 나이 드는 사람들은 감정 조절에 더욱 신경 써야 한다고도 했다.

"솔직하다는 것은 귀중한 덕목이지만 솔직함은 우리가 느끼는 두려움, 짜증, 불만을 모조리 입 밖으로 내뱉는 것을 뜻하지 않는다. … 감정을 구체적인 말로 표현하면 가까운 사람들에 대한 요구가 된다. 사랑하는 자녀들을 향한 이타성에는 우리가 느끼는 부정적 감정의 대부분을 자녀들이 겪지 않도록 배려하는 것도 포함된다."

감정 조절의 중요성을 새삼 깨달았다. 마라톤을 준비하며 긍정적인 태도로 가족을 대할 때 비로소 나의 행동이 이타적일 수 있음을 배웠다. 육체를 단련하는 운동뿐만 아니라 다른 사람이 무엇을 느끼고 원하는지를 기억하려는 노력. 이것이야말로 '좋은 생각 운동'이다. 자녀들을 조건 없이 사랑하는 나의 언행과 태도가 그들을 빛나게 할 수 있다는 걸 머리로는 알고 있지만 여전히 그것을 온전히 몸에 익히지는 못했다. 그래도 포기하지 않을 것이다. 조금씩이라도 배우며 나아가려 한다.

나는 지금도 내 삶의 의미를 '지금 여기'에서 발견하기 위해 연습하는 중이다. 과거를 후회하거나 미래를 불안해하기보다 오늘 내가 할 수 있는 일을 선택하며 살아가려 한다. 그날의 마라톤은 단순한 운동 이상의 의미를 남겼다. 가족과 함께 달리는 동안 나는 연결되고 싶었고, 공헌하고 싶었고, 사랑하고 싶었다. 그 속에서 나 자신을 너무 뒤로 밀어두지 않으면서 원하는 것을 다정하게 표현할 수 있는 사람이 되기를 바랐다.

나이 듦은 단순히 세월의 흔적이 아니라, 삶의 깊이를 더해가는 일이다. 하루하루를 충실히 살아낸 사람의 얼굴에는 자연스러운 빛이 머문다. 젊음을 잃는 것보다 살아 있는 지금을 놓치는 것이 더 아깝다. 완벽한 계획보다 유연한 마음으로 나를 아끼려 한다. 지혜롭게 나이 든다는 것은 나를 존중하는 법을 배우는 일이다.

조금씩 시간을 받아들인다. 앞으로 주름 하나, 흰 머리카락 한 올에도 내가 지나온 이야기가 담길 터다. 이제 중년에 접어든다. 노년의 현자가 내 글을 읽으면, "아직 멀었어! 더 즐겨! 더 나대면서 살아도 돼!"라고 말할지 모르겠다. 그렇게 살려면 외적인 젊음보다 내면의 단단함을 바라며 살기를 연습해야 하지 않을까? 나이 들어감을 두려워하지 않고 싶다. 십 년 뒤에도 이 마음이면 좋겠다. 그래서 나는, 새치를 뽑지 않는다.

지혜로운 나이 듦이란 모든 걸 잘 해내는 사람이 되는 것이 아닙니다. 지금, 이 순간의 나를 솔직하게 인정하고 있는 그대로 사랑하는 법을 배워가는 길입니다. 욕심을 덜어내고 후회를 놓아주며 고요한 마음으로 오늘을 살아내는 연습. 나이 듦은 그래서 슬픈 일이 아니라 더 아름다워지는 일이라고 생각합니다. 마흔은 노년을 말하기에 젊은 나이겠지요. 그래도 차근차근 지혜롭게 나이 들어감을 연습해 나간다면 덜 혼란스럽지 않을까요?

더 빛날 당신을 위한 질문

Q. 당신이 생각하는 '지혜로운 나이 듦'이란 어떤 모습인가요?

6

깃털보다
가벼운 기도

"누군가 우리 곁을 떠나는 슬픔을 겪고 나서야 아주 조금 배울 수 있는 것이 죽음이다. 그렇기 때문에 우리는 서로가 서로에게 스승이 되어야 하는 운명이다."

- 김여환, 『천 번의 죽음이 내게 알려준 것들』

삶을 더 깊이 사랑하려면 언제든 끝난다는 사실을 받아들여야 한다. 그래서 나이 들어가는 만큼, 죽음을 자주 떠올린다.

때때로 뉴스에서 항공 사고 소식을 들을 때면 가슴이 답답해져 심호흡한다. 이 불안을 지우개로 쓱쓱 지워버릴 수 있다면 얼마나 좋을까. 남편은 일을 시작하고 지금까지 20년 이상 비행기를 탔다. 나 역시 연애 시절부터 십 년이 넘도록 마음이 늘 편치 않다.

2024년 12월 29일 아침, 국내 여객기 사고로 승객 대부분이 목숨을 잃었다는 소식이 전해졌다. 유가족 인터뷰를 보니 해외를 처음 다녀온 사람도 있었고, 가족끼리 연말 여행을 다녀온 이들도 있었다. 착륙하면 모두가 각자의 일상과 따뜻한 가정으로 돌아가리라 믿었을 것이다. 하지만 아무도 예상하지 못한 일이, 믿기 힘든 비극이 갑자기 찾아왔다. 남편은 12월 25일 아침, 회사 워크숍을 위해 비행기를 탔고 29일 저녁 돌아오는 비행기 안에 있었다. 저녁 7시쯤 도착 예정이라는 소식을 들었지만, 마음은 여전히 불안했다. 성탄절 아침부터 나는 아이 둘을 혼자 돌보며 감기로 몸살까지 앓았다. 주말과 연휴, 방학처럼 이어진 다섯 날 동안 정신 줄을 꼭 붙잡고 버텼다. 남편의 잦은 출장이 익숙했지만, 이번만큼은 야속한 마음이 쉽게 가시지 않았다.

돌아오는 날 아침 영상 통화하며 "혼자 힘들었지? 얼른 갈게!"라고 말하는 남편에게 나는 무심하고도 퉁명스러운 얼굴을 했다. 그게 마음에 걸렸다. 후회로 남았다. 늘 그랬듯 선물이나 면세품도 부탁하지 않았다. 그저 무사히 돌아오기를 바랄 뿐. 저녁 시간, 아이들 앞에서는 내색하지 않으려 했지만 사고 뉴스에서 눈을 뗄 수 없었다. 숨죽이며 기사를 읽다 눈물이 났다. 첫아이를 낳기 며칠 전에 일어난, 많은 학생의 삶을 앗아갔던 그날 같은 미어짐이었다. 문득 이런 걱정과 염려가 부질없게 느껴졌다. 방으로 들어가 기도했다.

슬픔과 절망에 빠진 유가족에게 위로를, 트라우마로 인해 삶을 놓지 않길, 이 비극이 되풀이되지 않도록 더 나은 안전망이 마련되길. 구조와 수습에 힘쓰는 이들에게도 지치지 않는 체력과 마음이 더해지길. 세상을 갑자기 떠날 수밖에 없었던 이들의 영혼이 가장 평안한 곳으로 가길. 마지막으로 나 자신에게 언제 올지 모르는 죽음을 기억하며, 오늘의 삶이 얼마나 귀하고 내 곁의 사람이 얼마나 소중한지 잊지 않기를.

비록 이 작은 기도와 애통한 마음이 깃털보다 가벼울지라도, 바람에 실려 추위 속 울부짖는 눈물에 가닿기를 바랐다. 이 기도가 헛되지 않기를 바라는 마음으로 기부금을 보냈다. 이 역시 먼지 한 줌 같겠지만 애도와 연대의 마음이 누군가에게는 작은 온기가 되기를 바라며.

죽음은 먼 이야기 같다가도 어느 날 너무 가까이 다가온다. 그렇기에 우리는 더 자주 '무사히 돌아오는 삶'을 기도해야 한다. 아무 일 없이 흘러가는 일상도 사실은 기적의 연속이다. 사고 없이 돌아오는 가족, 평범한 식사 시간, 서로 퉁명스러웠다가도 다시 웃을 수 있는 관계. 그 모든 것들이 얼마나 귀한 선물인지 자주 잊는다. 누구나 죽기 전에 꼭 들어야 하는 말이 있다면 '존재의 긍정'이 아닐까? 자기 자신을 긍정하고, 공감과 경청을 통해 타인의 존재를 긍정하는 것. 잘못을 용서하고 연민을 품으며 평범한 일상에 감사하는 마음. 나와 당신은 존재만으로도 소중하다는 진심 어린 말 한마디. 깃털 같은 기도라도 마음을 담아 올린다면 누군가에게 가닿을 수 있다고 믿는다.

그렇다면 우리가 할 수 있는 가장 작고도 중요한 일은 오늘을 충실히 살아가는 것이 아닐까. 비극 속에서도 삶은 이어지고 서로가 서로에게 기적일 테니. 기시미 이치로는 『마흔에게』에서 이렇게 말했다.

"지금의 내가 할 수 있는 일을 하면서 어떤 상태든 거기에 있는 것만으로 살아 있는 것만으로 타자에게 공헌할 수 있다."

남편이 무사히 돌아와 말했다.

"내가 지금 죽는다면 무엇이 남을까 생각해 봤는데 딱 이

두 가지더라. 하나님과 함께 살았다. 당신, 아이들과 함께 살았다. 내가 뭘 쥐고 떠날 수 있는 것도 아니고 결국 이 두 가지가 남더라고. 그래서 이 시간을 더욱 하나님과 동행하고, 가족들과 함께 한 시간을 추억할 수 있게 남겨줘야겠다고 생각했어."

함께 걷고, 울고, 웃는 일상에서 우리는 서로의 존재 이유를 발견한다. 살아 있다는 것 그 자체가 의미 있는 공헌임을 잊지 말아야 한다. 우리는 매일, 살아 있다는 그 자체로 누군가의 기도 응답이다.

> 죽음을 생각하는 시간은 아이러니하게도 삶을 더 사랑하게 만듭니다. 무력한 감정 속에서도 진심 어린 기도와 작은 물질은 곧 사랑의 표현이 될 수 있습니다. 저는 오늘도 바라는 마음 하나를 종이비행기처럼 접어 바람에 실어 보냅니다. 비록 아주 작고 가벼울지라도, 누군가의 고통 곁에 닿을 수 있다면 더 바랄 게 없습니다.

더 빛날 당신을 위한 질문

Q. 일상에서 '기적'처럼 느껴지는 순간은 언제인가요? 사랑하는 사람을 향한 가장 솔직한 바람은 무엇인가요?

✧ 7 ✧

진지한 인생에
유머 한 스푼

'육아'라는 이유로 주어졌던 마지막 휴식이 마무리되었다. 아이와 등굣길을 함께 걷고 하교 후 간식을 챙기며 좋아하는 음식을 만들어줄 수 있었던 지난 시간이 떠오른다. 바쁜 일상에서는 미처 인식하지 못했던 작은 기쁨들이 휴직 기간에는 유난히 따뜻하게 다가왔다.

복직을 앞둔 어느 날, 둘째 아이가 좋아하는 치즈를 듬뿍 얹은 미트볼 스파게티를 만들었다. 맛있게 먹던 아이의 코끝에 토마토소스가 묻었다. 나는 웃으며 말했다.

"어머, 루돌프네?"

그러자 아이가 벌떡 일어나 바닥에 엎드려 썰매를 끄는 시늉을 했다. 귀여운 루돌프를 보며 한바탕 웃었다. 웃음이 잦아들 무렵 아이 휴대전화기에 문자가 도착했다. 보낸 사람은 남편.

"사랑해."

아이는 환해진 얼굴로 바로 답장을 쓰겠다고 했다. 그런데 내가 코를 먼저 닦으라고 재촉하자, 아이는 멈칫하더니 외쳤다.

"엄마! 아빠한테 나도 사랑한다고 쓰려고 했는데 발사를 못 했잖아요!"

나는 웃음을 참지 못하며 말했다.

"킥킥킥… 그런데 문자는 전송하는 거야. 발사가 아니라."

우리는 그날 저녁, 발사된 웃음으로 하루를 마무리했다.

남편은 잠자리에 들기 전 내 팔을 쓰다듬으며 말했다.

"예전에는 한 손에 잡혔는데…."

"그래서, 뭐?"

"든든하다, 든든해!"

그러더니 갑자기 두 손을 모으며 교회 찬양을 불렀다.

"내 모습 이대로 사랑하시네~ 연약함 그대로 사랑하시네~"

잠깐 째려보다 웃음이 터졌다. 노래는 농담이었지만 진심이 묻어 있었다. 지친 몸과 마음을 아무 조건 없이 품어주는 사람 앞에서 나도 모르게 미소가 번졌다. 그 짧은 찬양 한 소절이 내게 큰 위로가 되었다.

며칠 뒤엔 다른 노래였다.

"변한 건 없니~ 날 웃게 했던 예전 그 몸무게~"

김연우의 〈여전히 아름다운지〉 후렴구를 개사한 남편은 내 배를 톡톡 치며 노래했다.

나는 바로 에일리의 노래로 맞받아쳤다.

"보여줄게, 완전히 달라진 나!"

며칠 뒤 귀리를 주문했고, 그날 이후 계단을 걷기 시작했다.

남편은 한 소절씩 노래로 유머를 전한다. 유머는 긴장을 풀어주고 서로의 마음에 바람을 불어넣는다. 나만 보면 웃고 내 앞에서만 노래 부르고 내 품 안에서만 눈물짓는 남편. 나는 그런 모습이 사랑스럽다.

"여보, 또 노래 불러줄 거예요?"

"그래. 근데 나 갑상샘 없어서 노래 부르면 목이 쉬어."

한 소절씩만 불러줘도 내겐 충분하다.

버지니아 사티어는 '인생의 시기마다 불안은 존재하지만, 높은 자존감이 있으면 긍정적인 시각과 유머 감각, 개방적인 태도로 행복하게 살 수 있다. 사람은 인생의 어느 시기라도 새로운 걸 배울 수 있다.'라고 말했다.

인생은 진지한 질문을 품고 흐른다. 유머는 흘러가는 인생

속 숨구멍이다. 때로는 마음이 조급할 때 말 한마디에 웃을 수 있다면 그날은 성공한 하루다. 소중한 사람과 나누는 웃음은 사랑을 지키는 가장 부드러운 방식이다. 나도 그런 사람이 되고 싶다. 진지하게 살아가되, 웃음을 놓지 않는 사람. 힘겨운 하루에도 유머를 발사하며 분위기를 풀어주는 사람. 유머 감각을 타고나지 않아 서글프지만, 남편과 아이에게 하나씩 배워보려 한다.

류시화가 번역한 칼릴 지브란의 『예언자』 중 「결혼에 대하여」라는 시를 옮겨본다.

함께 있으되 거리를 두라
그리하여 바람이
너희 사이에 춤추게 하여라

서로 사랑하되 사랑으로 서로 구속하지는 마라
오히려 너희의 혼과 혼의 두 언덕 사이에
출렁이는 바다를 놓아두라

서로의 잔을 채워주되

한쪽의 잔만을 마시지 말고
서로의 빵을 주되
한쪽의 빵만을 먹지 말라

함께 노래하고 춤추며 즐거워하되
각자는 고독하라
현악기의 줄들이 하나의 음악을 만들되
줄은 각각 따로이듯이

서로의 가슴을 주라
그러나 서로의 가슴 속에 묶어 두지는 말지니
오직 큰 생명의 손길만이
너희의 가슴을 간직할 수 있다.

함께 서 있으라
그러나 너무 가까이 서 있지는 말라
사원의 기둥들도 서로 떨어져 서 있고
참나무와 삼나무도
서로의 그늘 속에선 자랄 수 없으니

혼자 보내는 시간과 가족을 사랑하는 시간 사이에서 균형을 잡는 일은 중요하다. 유머 한 스푼이 우리 사이에 부는 바람이자 언덕 사이 출렁이는 바다가 되길 바란다.

> 삶은 진지할 수밖에 없는 순간들이 가득해도 웃음을 끼워 넣을 수 있다면 우리는 더 행복해질 수 있습니다. 유머는 가볍지 않습니다. 오히려 우리가 겪는 삶의 무게를 가늠하고 서로 나누는 방식이기도 하니까요. 웃음은 상처를 없앨 순 없어도 견디게 해주는 힘이 됩니다. 함께 웃고 울며 온기를 나누는 일, 진심 어린 농담 한마디, 뜻밖의 웃음 한 줌이 우리를 다시 살아가게 한다는 걸 가족을 통해 배워갑니다.
>
> **더 빛날 당신을 위한 질문**
>
> **Q.** 당신은 오늘 어떤 웃음을 발사했나요? 삶의 무게를 덜기 위해 당신이 사용하는 '유머 한 스푼'은 무엇인가요?

나를 빛나게
도와준 책

Chapter 1

김미경, 『김미경의 마흔 수업』, 어웨이크북스

조남주, 『82년생 김지영』, 민음사

하퍼 리, 『앵무새 죽이기』, 열린책들

알랭 드 보통, 『낭만적 연애와 그 후의 일상』, 은행나무

개리 채프만, 『5가지 사랑의 언어』, 생명의말씀사

이요셉, 『결혼을 배우다』, 토기장이

조현삽, 『결혼설명서』, 생명의말씀사

스벤 브링크만, 『절제의 기술』, 다산초당

Chapter 2

김형준, 『단단해지는 시간』, 두란노서원

버지니아 사티어, 『아이는 무엇으로 자라는가』, 포레스트북스

C.S. 루이스, 『책 읽는 삶』, 두란노서원

나태주, 『마음이 살짝 기운다』, 알에이치코리아

박노해, 『아이들은 놀라워라』, 『너의 하늘을 보아』, 느린걸음

윤혜린, 『엄마의 책장』, 사과나무

서정아, 『어쩌다 마흔, 이제부턴 체력 싸움이다!』, 갈매나무

헨리 데이비드 소로, 『월든』, 은행나무

헨리 나우웬, 『상처 입은 치유자』, 두란노서원

황동규, 『우연에 기댈 때도 있었다』, 문학과지성사

지에스더, 『남다른 방구석, 엄마의 새벽 4시』, 책장속북스

장재열, 『마이크로 리추얼』, 한국경제신문

Chapter 3

M. 스콧 펙, 『아직도 가야 할 길』, 율리시즈

유타 바우어, 『고함쟁이 엄마』, 비룡소

유리 슐레비츠, 『내가 만난 꿈의 지도』, 시공주니어

이경혜, 송지영, 『나는 돌입니다』, 문학과지성사

다니엘 페나크, 『소설처럼』, 문학과지성사

미하엘 엔데, 『모모』, 비룡소

로이스 로리, 『기억 전달자』, 비룡소

팀 보울러, 『리버보이』, 다산책방

C. S. 루이스, 『사자와 마녀와 옷장』, 시공주니어

손현주, 『가짜 모범생』, 특별한서재

김선영, 『시간을 파는 상점』, 자음과모음

김민철, 『모든 요일의 기록』, 『모든 요일의 여행』, 북라이프

이현수, 『하루 3시간 엄마 냄새』, 김영사

Chapter 4

우지현, 『풍덩!』, 위즈덤하우스

이영미, 『마녀체력』, 『마녀엄마』, 남해의봄날

강원임, 『엄마의 책모임』, 이비락

강원임, 『엄마 독서모임의 질문들』, 하나의책

버지니아 울프, 『자기만의 방』, 민음사

정세랑, 『지구인만큼 지구를 사랑할 순 없어』, 위즈덤하우스

송숙희, 『당신의 책을 가져라』, 국일미디어

부아C, 『마흔, 이제는 책을 쓸 시간』, 황금부엉이

이병률, 『혼자가 혼자에게』, 달

백수린, 『오늘 밤은 사라지지 말아요』, 마음산책

데이비드 깁슨, 『인생, 전도서를 읽다』, 복있는사람

Chapter 5

수잔 애쉬포드, 『유연함의 힘』, 상상스퀘어

김원영, 『실격당한 자들을 위한 변론』, 사계절

헨리 나우웬, 『아담』, IVP

권주리, 『사랑에 장애가 있나요?』, 강한별

류승연, 『사양합니다, 동네 바보 형이라는 말』, 푸른숲

주효림, 『이토록 명랑한 교실』, 메멘토

허지웅, 『최소한의 이웃』, 김영사

이어령, 김지수, 『이어령의 마지막 수업』, 열림원

마사 누스바움, 솔 브레모어, 『지혜롭게 나이 든다는 것』, 어크로스

김여환, 『천 번의 죽음이 내게 알려준 것들』, 포레스트북스

기시미 이치로, 『마흔에게』, 다산초당

칼릴 지브란, 『예언자』, 무소의뿔

나가며

빛을 받아
다시 빛나는 삶

결혼하고 아이를 낳은 뒤 점점 나를 잃어간다고 생각했습니다. 주어진 시간을 알차게 써야 의미 있다고 오해했습니다. 이제야 깨닫습니다. 삶이란 애써 얻어야만 하는 성취가 아니라, 그저 주어진 선물이라는 사실을요. 나를 돌보는 작은 실천들을 시작했습니다. 아이를 위한 휴직이라 여겼지만 되돌아보면 나 자신을 위한 시간이었어요. 혼자인 시간 속에서 나를 더 깊이 들여다보고 더 진심으로 이해할 수 있었으니까요.

늦은 저녁 혼자 산책하던 중 고개 들어 하늘을 올려다봤습니다. 깜깜한 하늘 속 빛나는 달도, 달빛이 비친 세상도 정말 아름답더라고요. 달은 스스로 빛을 내지 못합니다. 태양 빛을 받아 반사함으로써 밤하늘을 밝혀주지요. 빛을 받지 못하는 부분은 그림자가 생기고요. 스스로 빛나는 태양이나 별이 아니지만, 달이 없다면 우리의 밤은 더 깊은 어둠 속에 잠길지도 모릅니다. 또 달의 중력으로 균형을 유지하지 않았다면 바다의 밀물과 썰물, 지구의 기울기도 지금과는 달랐을 거예요. 그날, 달이 내게 이렇게 속삭이는 듯했어요.

'스스로 완벽하게 빛나는 사람이 아니라도 괜찮아.'
'그림자가 있는 건 당연해. 스스로 부정하지 않아도 돼.'
'누군가의 빛 속에서 따뜻해지고 그 빛을 다시 품어 세상을 비출 수 있다면 그것으로도 충분해.'

복직 후 혼자만의 시간은 줄었지만, 여전히 나를 돌보고 지키는 틈을 만들어 가고 있습니다. 아침과 밤의 기도, 주말의 도서관, 아이들 숙제 시간에 조용히 걷는 산책길, 평일 단 10분이라도 책을 펼치는 일. 그 모든 시간이 삶의 균형추가 되어 내가 나를 놓치지 않도록 도와줍니다. 엄마로, 아내로, 교사로 살아간다는 건 나를 잃는 일이 아니라 나와 타인 그리고 세상 사이의 균형을 배워가는 과정입니다.

일상의 조각을 모으며 내 안에 작게 빛나던 불빛을 찾았습니다. 글로 옮기기 시작하며 달처럼 누군가의 빛을 받아 세상을 비출 수 있다는 걸 배웠습니다. 이 글을 읽은 당신의 평범한 날들 속 특별한 이야기를 들려주세요. 꼭 책이 아니어도 괜찮습니다. 지금 당신이 살아내는 삶은 이미 충분히 의미 있고 누군가에게 깊은 위로가 될 수 있어요. 넘어지고 흔들리고 주저앉고 싶은 날이 있더라도 포기하지 않고 배우며 자라는 당신은 누구보다 아름답습니다.

 사실 저는 여전히 흔들립니다. 퇴근 후 피곤하면 설거지를 쌓아두고, 다투는 아들들을 보면 차분히 훈육하기보다 언성을 높입니다. 운동을 미루는 날도 많아 주말에 야트막한 동산을 오르면 숨이 찹니다. 책보다 스마트폰을 훨씬 오래 보고, 남편이 출장을 떠나면 아직도 불안합니다. 그럼에도 나를 다그치기보다 오늘을 충분히 잘 살아냈다고 말해주고 싶습니다.

 이 책은 8년간 써 온 블로그 토막글로 시작했습니다. 처음엔 몰랐습니다. 이토록 평범한 삶이 책으로 엮이리라는 걸요. 처음 썼던 글을 한동안 묵혔다가 꺼내니 조금 시어진 김치 같았습니다. 어떻게 맛을 내야 하나 고민하다가 물에 한 번 행군 뒤 들기름에 살짝 볶아보았어요. 화려하거나 극적인 이야기가 아니라 밋밋한 맛이 날지도 모르겠습니다. 유명 저자의 깊은 문장력을 따라가기에도 한참 부족해 미식가인 독자를 만족시키지 못할 수도 있겠지요. 욕심을 내려놓고 그저 누군가의 허기를 채우길 바라며 글을 다듬었습니다.

책이 출간되기 전 한 달가량 작업에 몰두했습니다. 퇴근한 평일 저녁과 주말은 아이들과 함께 보내는 시간이 부족했지요. 노트북 앞에 몇 시간씩 앉아 균형을 잃어갈 때 아이들이 환한 얼굴로 다가와 말했어요. "엄마, 배드민턴 치러 나가요!" 그 영롱한 빛이 저를 지금, 여기로 데려다 놓았습니다. 남편은 이 바쁜 와중에 출장 가서 미안하다며 공항 가기 직전까지 설거지를 해놓았어요. 이 책이 면죄부가 될 순 없다는 걸 잘 압니다. 그럼에도 혼자만의 시간을 보낼 수 있도록 배려해 준 가족에게 미안함과 고마움을 전하고 싶습니다. 우리 가족을 존재하게 한 원가족인 친정과 시댁 식구들, 편집자님과 출판사, 그리고 어떤 식으로든 저와 연결된 모든 분에게 감사합니다. 여러분의 빛이 제 삶을 비춰주었고, 저라는 사람 책의 공동 저자가 되어 주셨습니다.

저도 그 빛을 받아, 빛을 잃어가는 누군가를 위해, 빛을 비추며 살겠습니다.

덧붙이는 고백

이 책은 신앙 서적으로 쓰지 않았지만
나를 연민하고 용서하고 받아들이며
사랑하려 애쓰던 모든 시간 끝에서
하나님의 사랑을 떠올리지 않을 수 없습니다.

나는 여전히 미완성이고
자주 흔들리며
부끄러운 모습도 많지만
하나님은 그런 나와 매 순간 동행하십니다.

잃어버린 줄 알았던 내 모습이 사실은
하나님의 형상이었습니다.
그분의 존귀한 자녀라는 정체성은

내 안을 가득 채운 빛입니다.
우리가 서로의 모습에서
그 빛을 발견할 수 있길 바랍니다.

내가 나를 돌보는 것은
하나님이 주신 오늘의 삶을 선물로 여기며
그 사랑을 가족과 이웃에게
흘려보내기 위함임을 고백합니다.
오늘도 나는 그의 사랑 안에서
조금 더 단단하고 따뜻한 사람이 되길 소망합니다.

내가 가장 사랑하는 책은 성경입니다.
역설의 진리는 내 삶의 이정표입니다.

"내 은혜가 네게 족하도다 이는 내 능력이 약한 데서 온전하여 짐이라."
My grace is sufficient for you, for my power is made perfect in weakness.
(고린도후서 12장 9절)